Carnet II

Marc Fichou

ATOPON BOOKS

Atopon Books
907 15th Street
Santa Monica, California 90403
United States

Copyright © 2024 by Marc Fichou

All rights reserved under International and Pan-American Conventions.

No part of this publication may be reproduced, translated, stored in a retrieval system or transmitted in any form or by any means, electronic, mechanical, photocopying or recording or otherwise, without the prior permission of the publisher.

Library of Congress Cataloging-in-Publication data
Name: Fichou, Marc, author.
Title: Carnet II / Marc Fichou.
Description: Santa Monica, CA: Atopon Books, 2024.
Identifiers: LCCN 2024931704 | ISBN: 979-8-9866907-1-1 (paperback) | 979-8-9866109-3-1 (hardcover)
Subjects: LCSH Art, Modern—21st century | Art and philosophy | Art and technology | Art—20th century—Video Art | BISAC ART / General | ART / Individual Artists / Artist's Books
Classification: LCC N43.F76 2024

Printed in the United States of America

Pensées — **Conscience** — Sens
Analyses ↑ Idées

Sujet — L'œil Médiateur **4D** — **Virtuel**

Intérieur — *Il absorbe la lumière* — Extérieur
Horizon des évènements

Matériel — **Feedback** — Objet
Le trou noir.
Choses — Lumière
Lui aussi absorbe la lumière

noir

Vitesse

3D

Rétroaction — **Rétrocausalité**

6 F *Fini*   L'œil   Voir   **9** *Infini*
L'œuf   Neuf

En Hébreu certains verbes se conjuguent au fini (savoir) d'autres à l'infini (croire) —

FINI | INFINI

Un œuf
1   9
10

O	E	U	F
15	5	21	6
6	5	3	6

☆ 5   ∞ 8   1   20 > 2

NEUF   **OEUF**

En prenant corps dans le monde fini, je perds l'infini

{ −1 }   0   −1

J. Lacan → — Stade du miroir   Henri Wallon

En prenant conscience du moi, je m'identifie, je deviens "chose".

Phase du miroir de l'Univers → Big Bang.
Et celui-ci prend corps dans le monde phénomène

Language hermétique de la forme

فن

Art

- Centre
- Neuf
- Passé
- Futur
- Absence matérielle
- Espace temporel
- ICI
- MAINTENANT
- Présence virtuelle
- Distance nulle
- Double Sens

L'art est le language hermétique des formes.
Il ne devrait pas s'adresser aux "initiés"
en particulier, mais plutôt aux coeurs de
tous les hommes en quête de vérité.
Une réalisation purement conceptuelle
sollicite le mental, l'intellect (avant tout).
En revanche si l'idée se manifeste par
la forme, alors les sens seront conviés au
même titre que le mental.

"origami chat"

Idéogramme

En occident
Forme
Dessin abstrait

En Chine
Représentation de l'idée de "lettre"

Microcosme
Médiateur
Mécanique Cérébrale

Information ∞ ∞ Conscience

Réalité
Matérielle
Sensorielle
Macrocosme

Quantité	Uni-vers	Qualité
Micro	359 4594	Macro

Le tout est plus que la somme de ses parties.

ICI — LA-BAS
AVANT — APRÈS

Savoir — Connaître

INT — EXT
ZOOM IN — ZOOM OUT

Les limites sont arbitraires.

Matière — **Observable** — Énergie

HAUT

Conscience

Vie

Voie de Klein · Rhizome
Retour de l'information

Ouverture · Christique
La Nature prend conscience d'elle-même

Stade du miroir

Penser son cerveau

Conscience d'avoir conscience

Primordial

BAS

L'essence de la Nature

Donner du Sens

Chez moi / Direction
Vers l'intérieur
Aller vers
Retour
Chaos / Grand
Cadre / Petit
Monde Matériel
chemin
Ruban de Moebius

Chiasme
La réalité est une illusion
L'illusion est la réalité

Compréhension
Tension
Énergie
Focus
Extension

RÉALITÉ

Videplein

Le cœur nous harmonise. La tête nous divise.

Le soi autobiographique

ici "navigation"

Soi-central

Soi-moyen

"A. Damasio"

Structure cohérente à grande échelle

Avenir ——————————————— Passé

"Pré-conscient" "Monde (Matière)"

"Soi conscient" "pulse"

Cerveau (Matière)

Recul sur l'action
+
Décalage

Durée (Temps)

Masse, Énergie, Lumière, Vitesse......

Je suis mon histoire, celle là même qui est sculptée par mon devenir, d'après le dessin de mon à-venir.

Matière .... Esprit
Une masse M peut se transformer en énergie E

BAS

Formes ambigrammes

Elle s'élève
pensant
tomber

Il chute
pensant
s'élever

◊(∞) Tout est possible ◊

HAUT

Le corps est le véhicule me permettant de traverser la vie. Avant c'est le néant, puis de zéro jusqu'à cent et après de retour au néant, toute la traversée j'ai peur de l'arrivée et pour ne pas perdre de temps, je fonce dans une course effrénée vers cet autre versant.

Presque la vitesse de la lumière.
Ordre et Chaos. Micro, Macro (zoom in/out)
Temps, espace - Auto-générescence...

Video feeback

Technologie   Nature

L'alchimie des "ingrédients" mentionnés en haut de page contribuent à l'émergence de la forme organique au centre de l'écran. (En ref à la page de droite) celle-ci naît dans le 9.

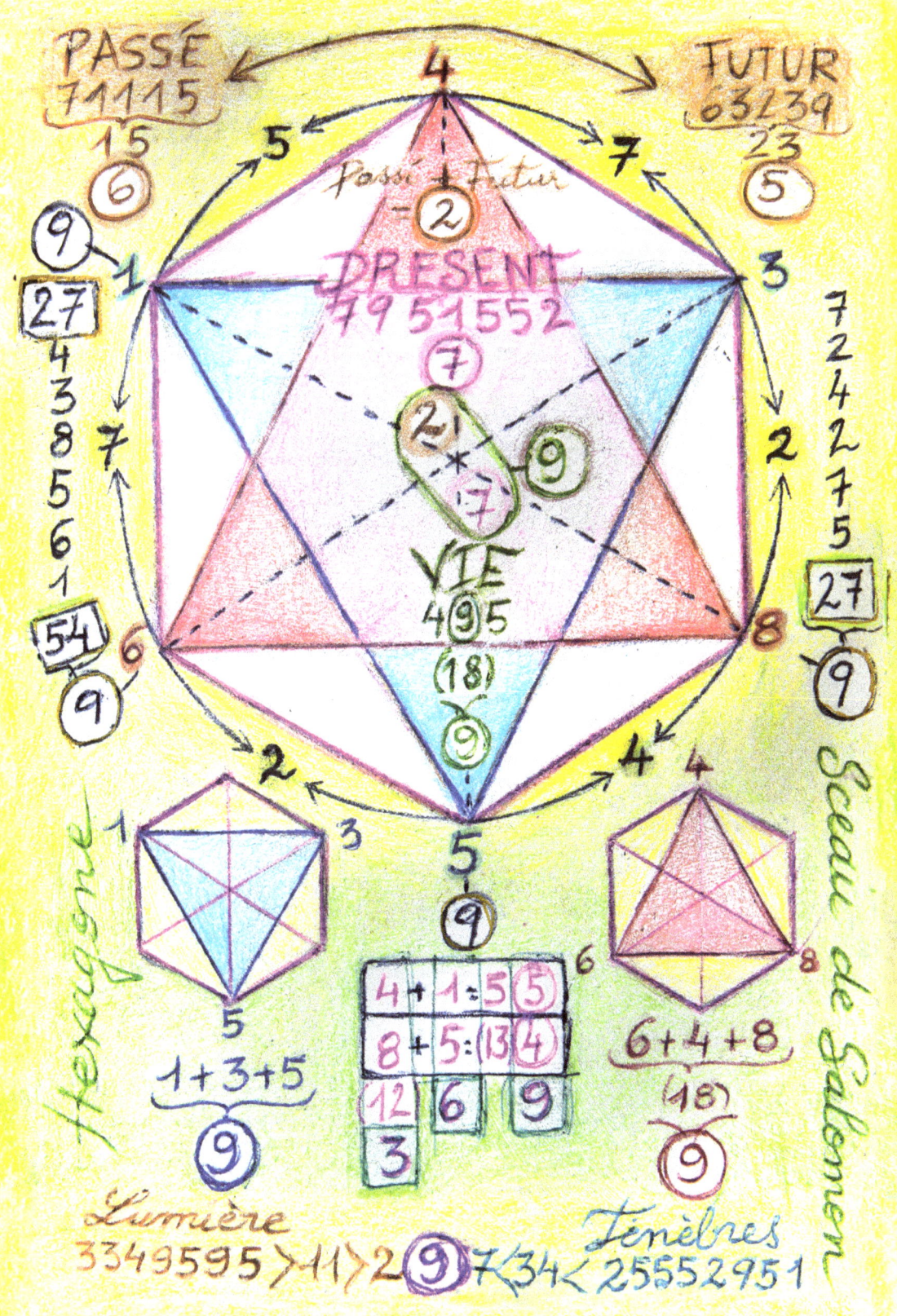

⊕ ESPRIT
5 1 7 9 9 2
33
6

Infini
Fini

ART
3
Médiateur en
et la

L'infini nous est inaccessible et cesse. Nous cherchons de la même et là encore, nous nous retrouvons

ECH

1D

Un dé unique suffit pour faire un six

d'être libérés, nous nous ter, humblement ces imposés par le privilège

FINI **6**

```
   4         3
    ┌───────┐
  1 │       │ 2    3D
    │       │      forme
    │       │
    └───────┘
   6    7   8   5
```
Six côtés

Hexagone détendu

192 > 3

tie l'esprit
matière

MATIERE
4 1 2 9 5 9 5
35
8
Ouroboros

⊖

pourtant nous le nommons sans
manière à lui donner une forme
face à nous-même. En attendant,

ANGE

devons d'accep-
contraintes
d'être en vie.

Il faut deux
dés pour faire
un neuf.

2D

2D NEUF
Image
du même
nombre caché
Cube aplati

Extérieur
(53) > 8

Intérieur
(55) > 1

9
INFINI

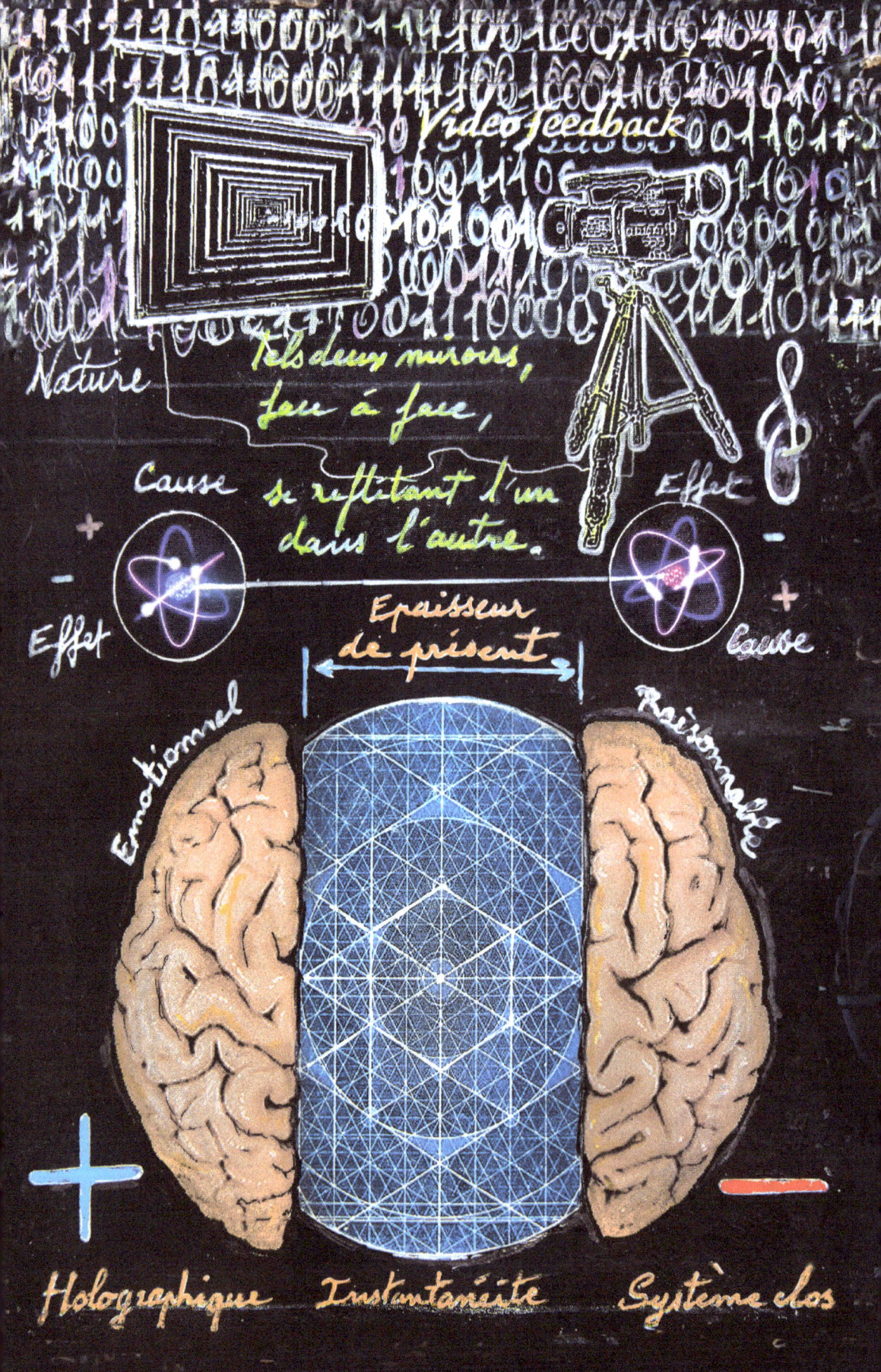

Trinité = **3** = Art
Observateur
Créateur

− Temps − + − + − + − + − + − + − + − o

← Deux miroirs →

999 .... 666 .....
Matière   Esprit
2D   espace   2D

Chiasma optique
Illusion

Réalité

Il faut loucher pour voir une troisième image 3D au centre

L'Un ne peut exister sans l'autre.

Macro   Micro

En s'ouvrant, l'œil (le zéro) devient l'Un. Mais par sa réflexion (conscience), à présent ils sont deux. Un regardeur, un regardé et vice versa. L'un, divisé en multiple, fait naître le temps et l'espace. Chaque œil émergeant engendre un nouveau regard. L'Univers se structure en se reflétant en lui-même à l'infini. Tel un kaléidoscope, cette mise en abyme engendrera constamment du nouveau

10101010101010101010101
mais jamais du

Stade du miroir de l'Univers
Prendre conscience de soi

0 Regardeuregardé **1**

Binaire

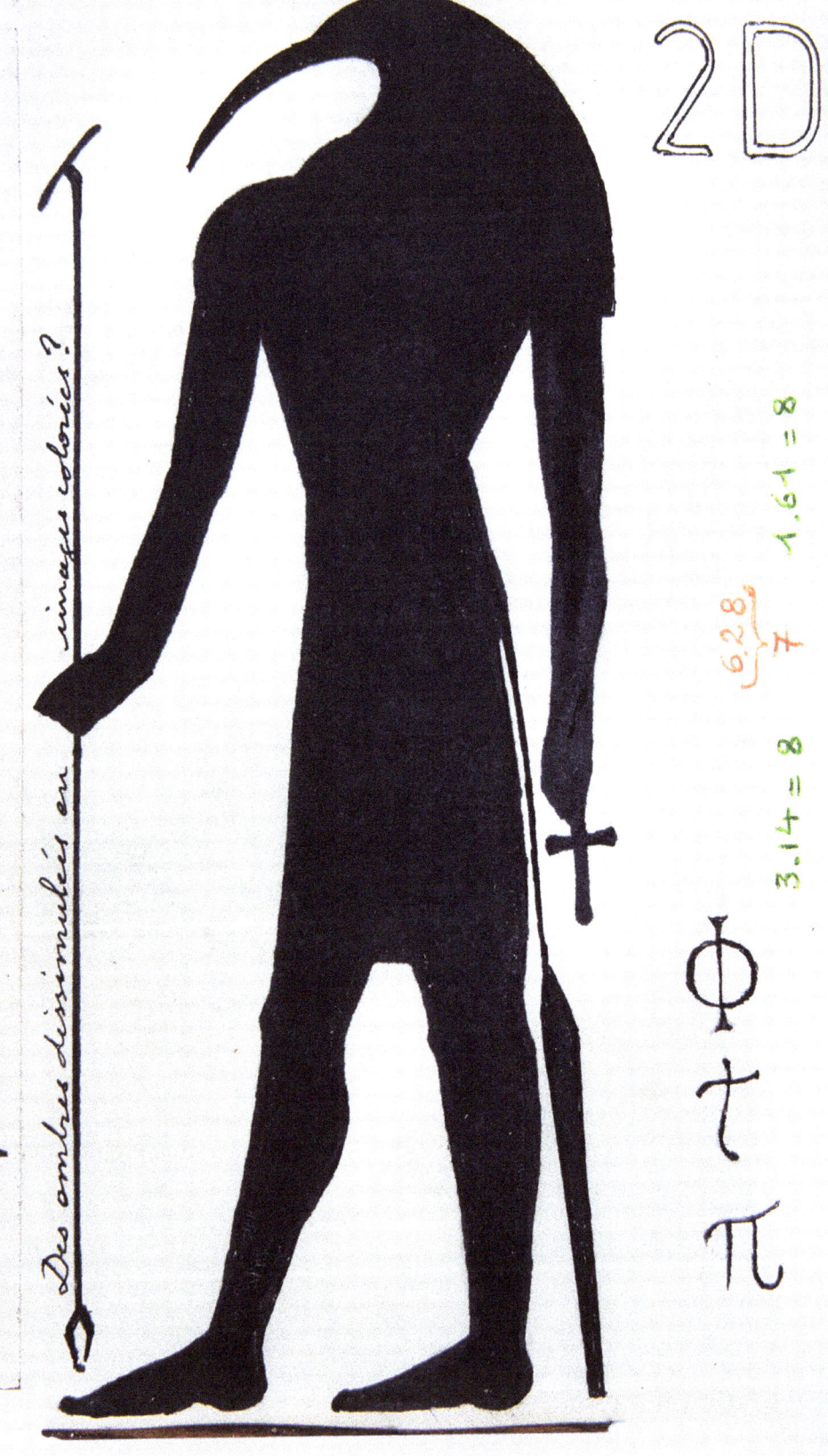

3D THOT

Hermès Trismégiste

Cube (3D) La forme pyramidale des coins 2862 sein d'un pas 1

à partir du cube 3D n'est réalisable.

4

Y.E +95

Fini 6959 } 2   7 { Infini 056959

1   **3**

$8 - 2 = 6$ $6 + 2 = 8$

Passé 71+15 15>6 } 11 > (2)   7 { 34 Présent 7951552
Futur 63239 23>5

(6)   (8)

Hexagone (2D) des chiffres 2 et 7 que la forme formée par la

Par l'addition apparaît le 9, ainsi pyramidale suite (2862).

2   **8**   **5**   **6**   **2**

(18)

$\underbrace{2+2}_{4}$ $\underbrace{8+4}_{3}\;\tfrac{4+3}{7}\;\tfrac{8+1}{?}\;\tfrac{9+3}{7}$ **9** $\underbrace{6+4}_{1}\;\tfrac{6+3}{9}\;\underbrace{8+6}_{5} < (14)$

ENERGIE
5 5 5 9 7 9 5
(45) - 9

3.1
1.6
47
2<11
3.14
1.61
475
16
7

Z

1.618(033)
3.141(592)
4759625
38
1.618 11>2
3.141
4759
25 7

2

Vibration 432 hz
resonance frequency

φ   9   π

7<16< 1.618   3.141 >9

7 Infini fini 2

Haut — **Symétrie**
Macrocosme

9.I — Horizon
8699865-5
(6)
F.6 (15) (6)

Reflet — Microcosme
Bas

N 5 — I 9

Infini 7 — Fini 2
9 5 6 9 5 6 > 4 3 > 7 — 6 9 5 9 > 2 9 > 1 1 > 5

(14)
(5)

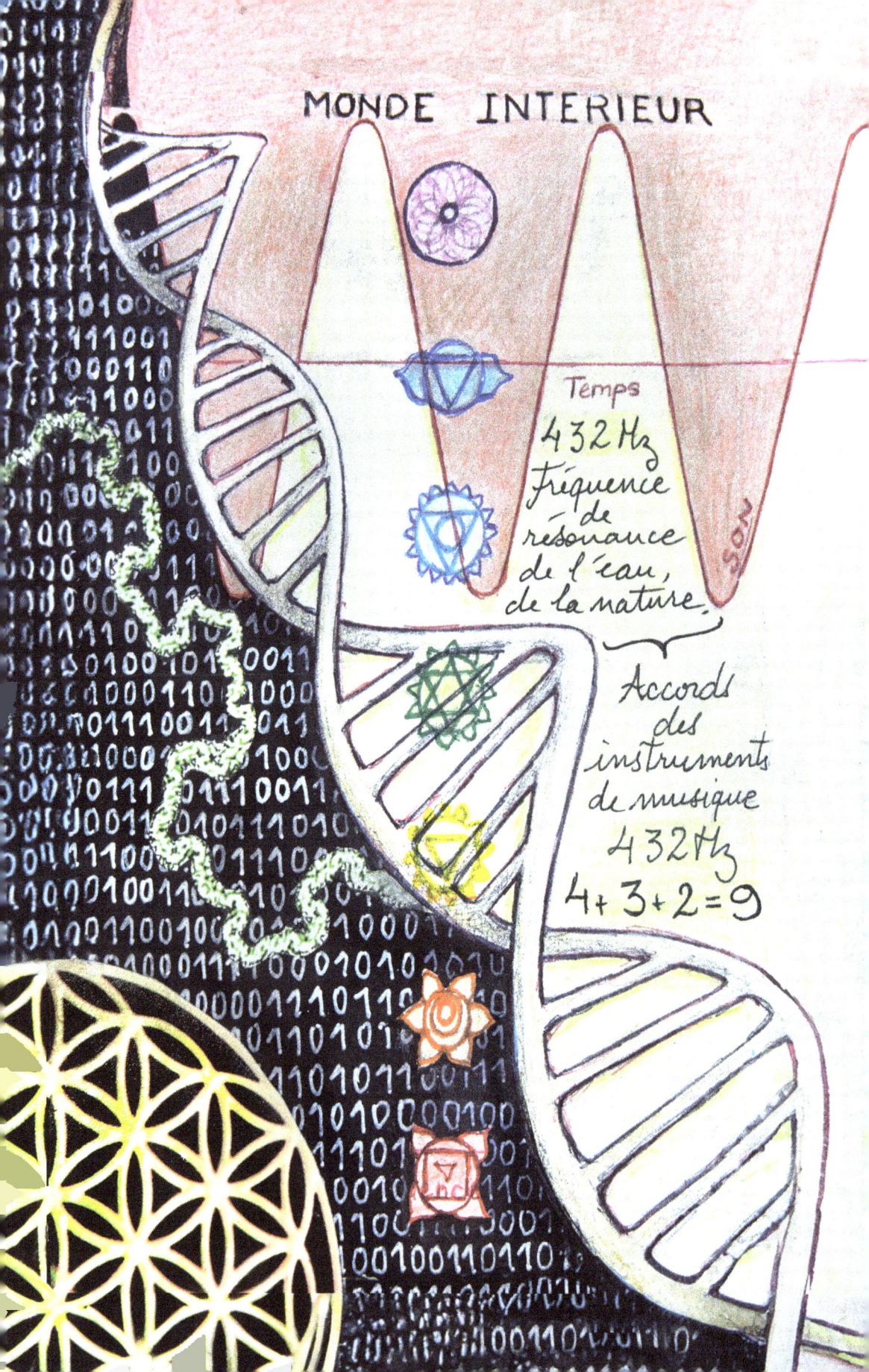

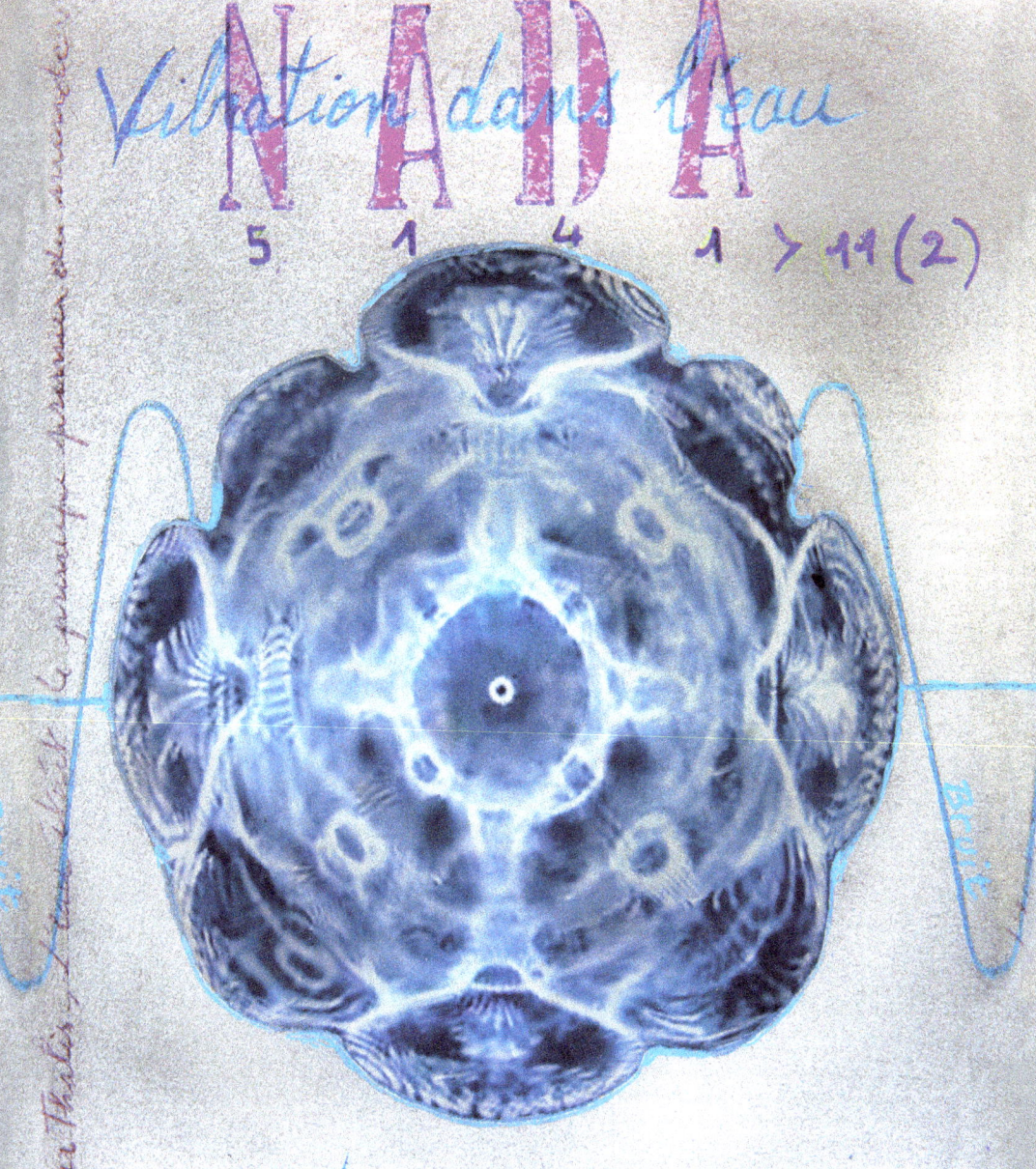

MONDE - EXTERIEUR

NADA
Vibration dans l'eau

5   1   4   1 > 11 (2)

BHASHRMA

2 9   1   8   4   1   25 (7)

Contient tout et
dont tout découle

ALEPH

UN
Le commencement du commencement.

Dans ce passage, que je suis, j'avance vers moi-même, tout en m'éloignant à jamais de qui j'étais. En quelque sorte, devenir c'est aussi se perdre. Suivre le chemin, lâcher prise, apprécier cet inconnu, qui à la fois m'est si familier.

L'effet Casimir : Dans le vide, deux plaques conductrices et parallèles s'attirent en raison de l'inégale répartition, dans l'espace, des fluctuations du champ électromagnétique.

Électromagnétisme

Miroirs

Symétrie

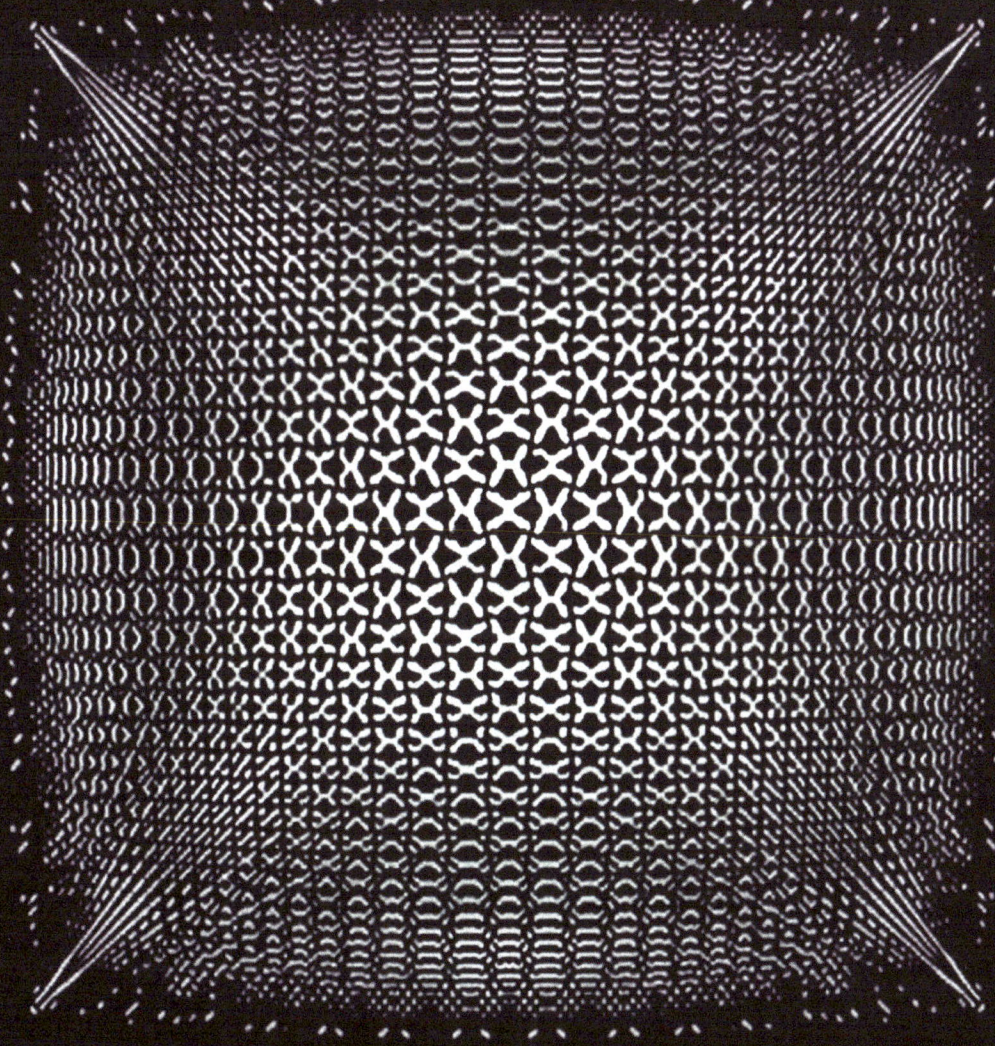

Synchronicité

Crossed Eyes

1D

2D **3D**

Tous les possibles

Tous les sens   Centré

4D   Choix

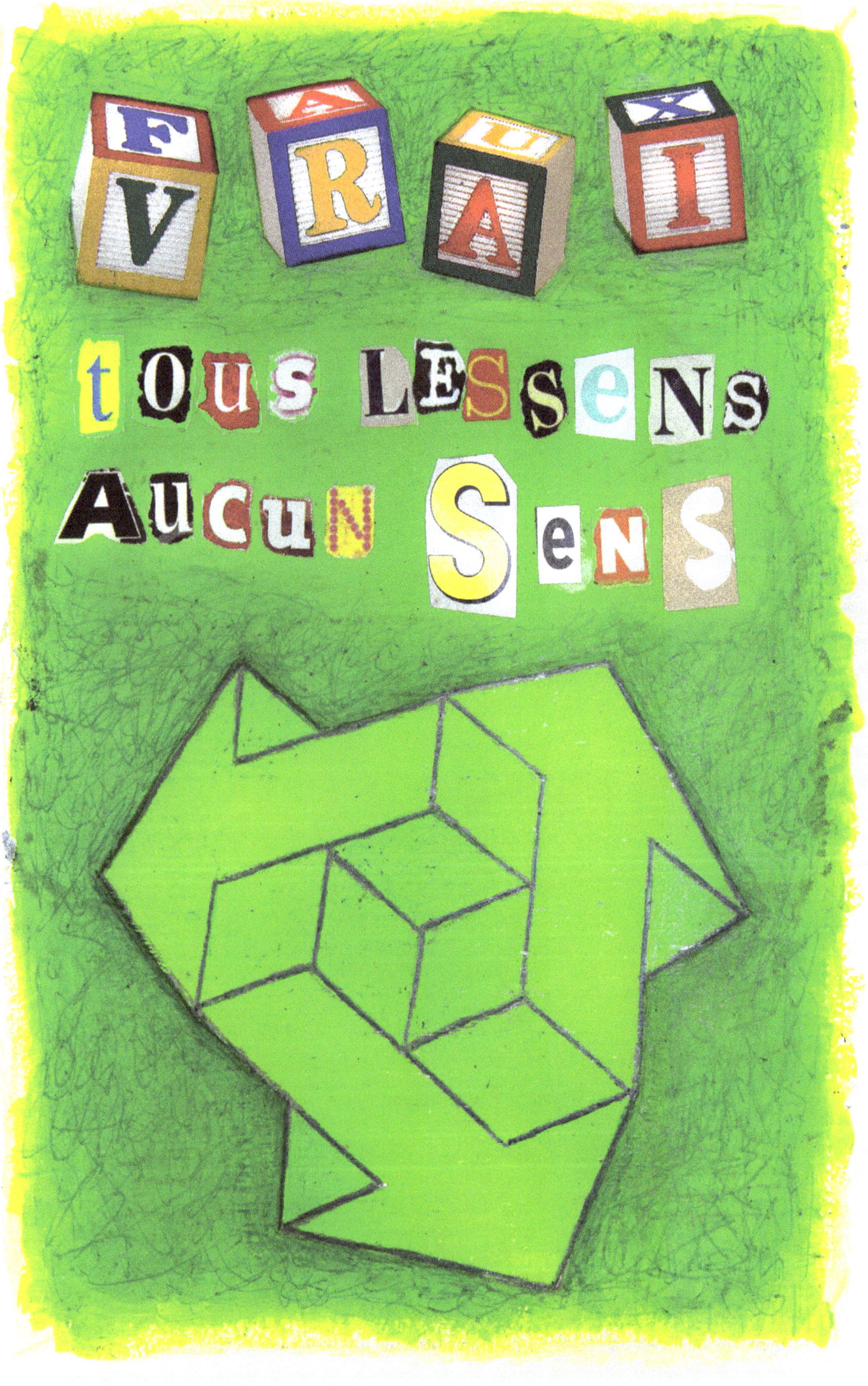
FAUX
VRAI
tous les sens
aucun sens

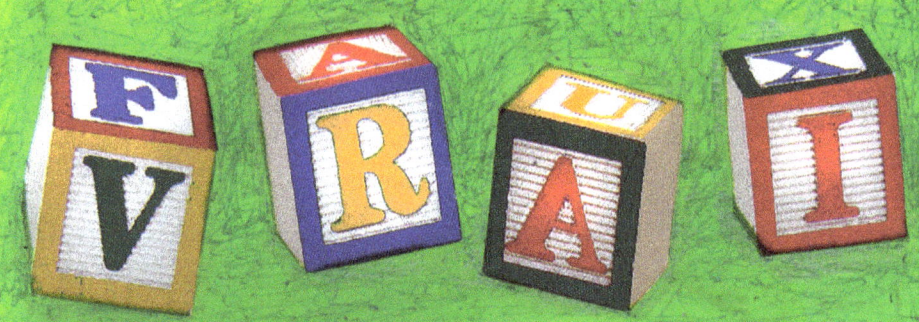

Synchronicités

Ce matin, je me [suis levé] vers 4h30. Après avoir bu [...] mon café, j'entreprends [...] la page de droite. Un autre [...] sur un texte (mon rêve) à la [...] verticale. Je cherche (sur youtube) une musique à écouter, mais je suis interpellé par une vidéo d'Annick de Souzenelle, dont le titre est "L'initiation", (personne que je n'écoute pas vraiment habituellement)

Partie du texte)

"... Nous avons en nous-même une information de notre devenir. Nous sommes comme cette semence qui contient toute l'information de l'arbre." "Nous ne savons pas que nous savons". Cette information, nous l'investissons à l'horizontale, au lieu de l'investir à la verticale, et elle souligne, à maintes reprises, l'importance de "à la verticale".

Structure ⇄ Unicité
Rupture ⇄ Multiplicité
Harmonie
Ordre   Chaos

19   10

Possibles   Choix

Infinifini

Kabbale
2,22,135 16 (7)

Arbre
19295 26 (7)

COURONNE 6

COMPREHENSION 3

SAGESSE 3

LIMITE (32)
394925
5

FORCE 3

MISERICORDE 1

LIBRE (28)
39295=10

BEAUTÉ 9

GLOIRE 3

VICTOIRE 2

Sephiroth
1578962,8 36(9)

FONDATION 9

Vie
495 18 (9)

Fabrication
Causa sui   Cause première
                      Engendrer
Départ   Hasard   Origine
                          Accidentel
Raison Émergence
                         Création

Rien du tout

VFB

Auto-générée

Qliphoth

קליפות

Video feedback

Cette image (virtuelle pure) n'a aucun référent.
Cette structure émergente est impercep-

Fleur de vie virtuelle

tiblement changeante, mais globalement, sa forme persiste un laps de temps, comme le fait le vivant.

Image orpheline

Conscient
Écran du haut

Univers
Lumière
Matière

Perception

← Nerf médiateur
(Connexion entre intérieur et extérieur.)

Imaginaire
Esprit
Ténèbres

Écran du bas
Subconscient

Produit à Los Angeles 2017

Paysage engendré par le système vidéo Feedback

2023

Panorama devant chez moi

UNIS

3591   (18) > 9

Passé — Rétro causalité — Futur

conscience

Réflexive — Anticipative

Même chose	Perceptive	Même chose
1	**2**	**3**
Archétypes	Réalisations	Cosmique
1 2 3 4 5 6	10 20 30 40	100 200
7 8 9	50 60 70 80	300 400
	90	

En Sof
Ne laisse place à
la création, car il
n'est pas possible
d'imaginer en son
être un domaine
qui ne soit déjà
en lui.

Dieu se fait manque d'être pour qu'il y ait de l'être.

Tsimtsoum

OVNI vu près de l'abbaye de Royaumont dans les années 60

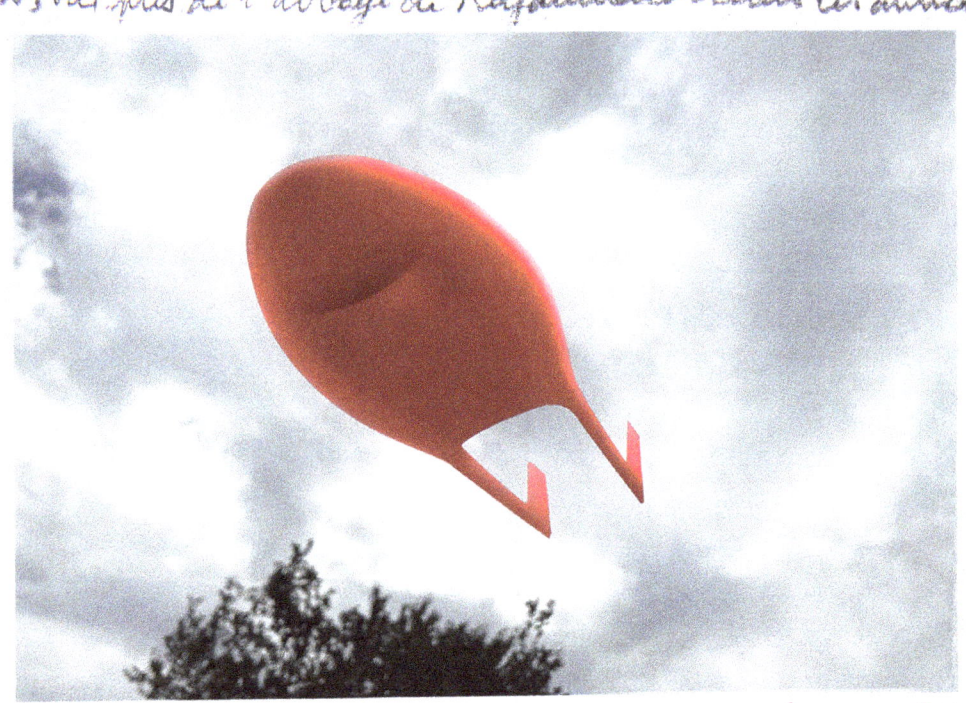

Souvenir du futur ? Création présente, vue dans le passé ? Peut-on intervenir sur notre passé ? Changer qui nous avons été pour devenir qui nous sommes. Cette image créée à partir d'une maquette (de ma fabrication) apparaît dans le ciel de mon passé ce qui me fait la créer au présent. Une boucle de rétro causalité.

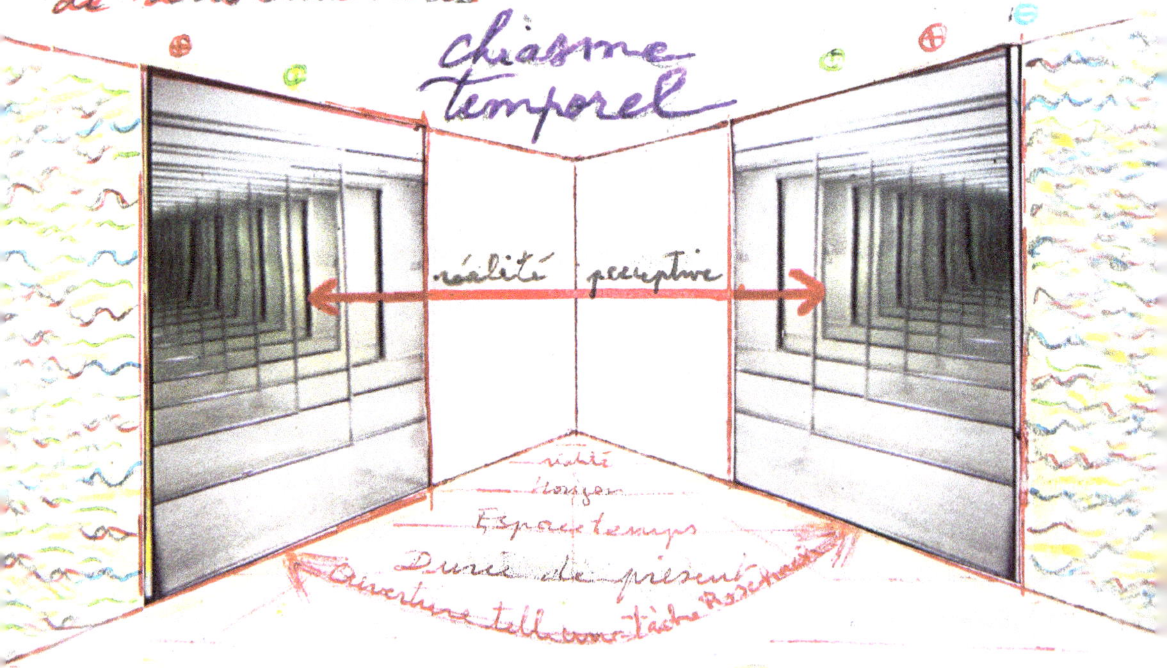

chiasme temporel
réalité perceptive
réalité
Horizon
Espace temps
Durée de présent
Ouverture telle une tâche Rorschach

Boucle causale

Dans les années 60, mes camarades, ma sœur et moi voyons passer dans le ciel d'été un ovni rouge. 50 ans plus tard, je réalise une maquette, que je mets en scène dans la photo sur la page de gauche.

Cette maquette provient d'une image gardée en souvenir depuis une 50ᵉ d'années. J'en produis une nouvelle image, celle-là même que j'ai vue enfant, dans le ciel près de l'abbaye de Royaumont.

Intérieur (Nature) Psychologie

Tâche de Rorschach

Physique (Nature) Extérieur

Limites Fermées

Limites ouvertes

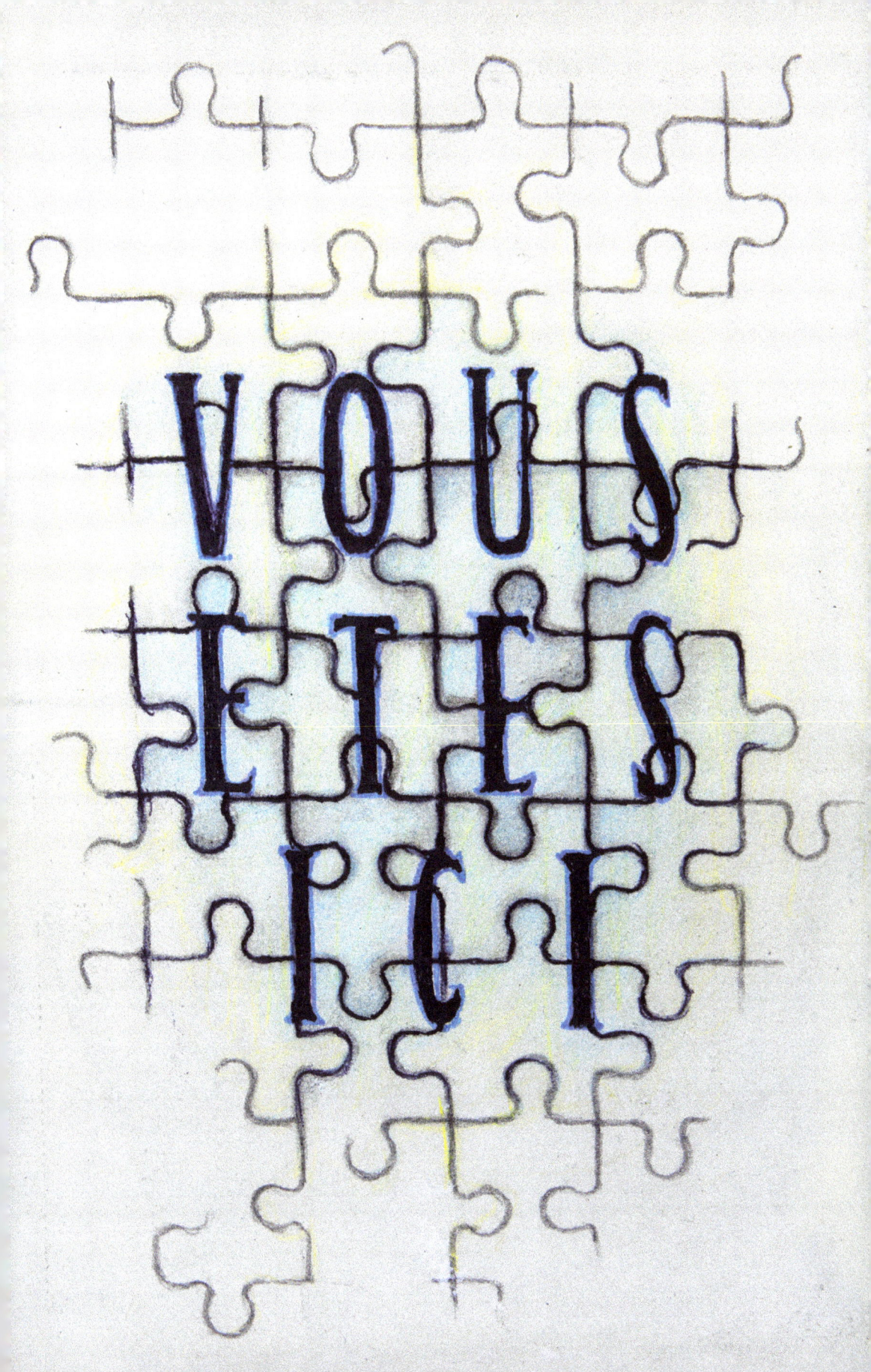

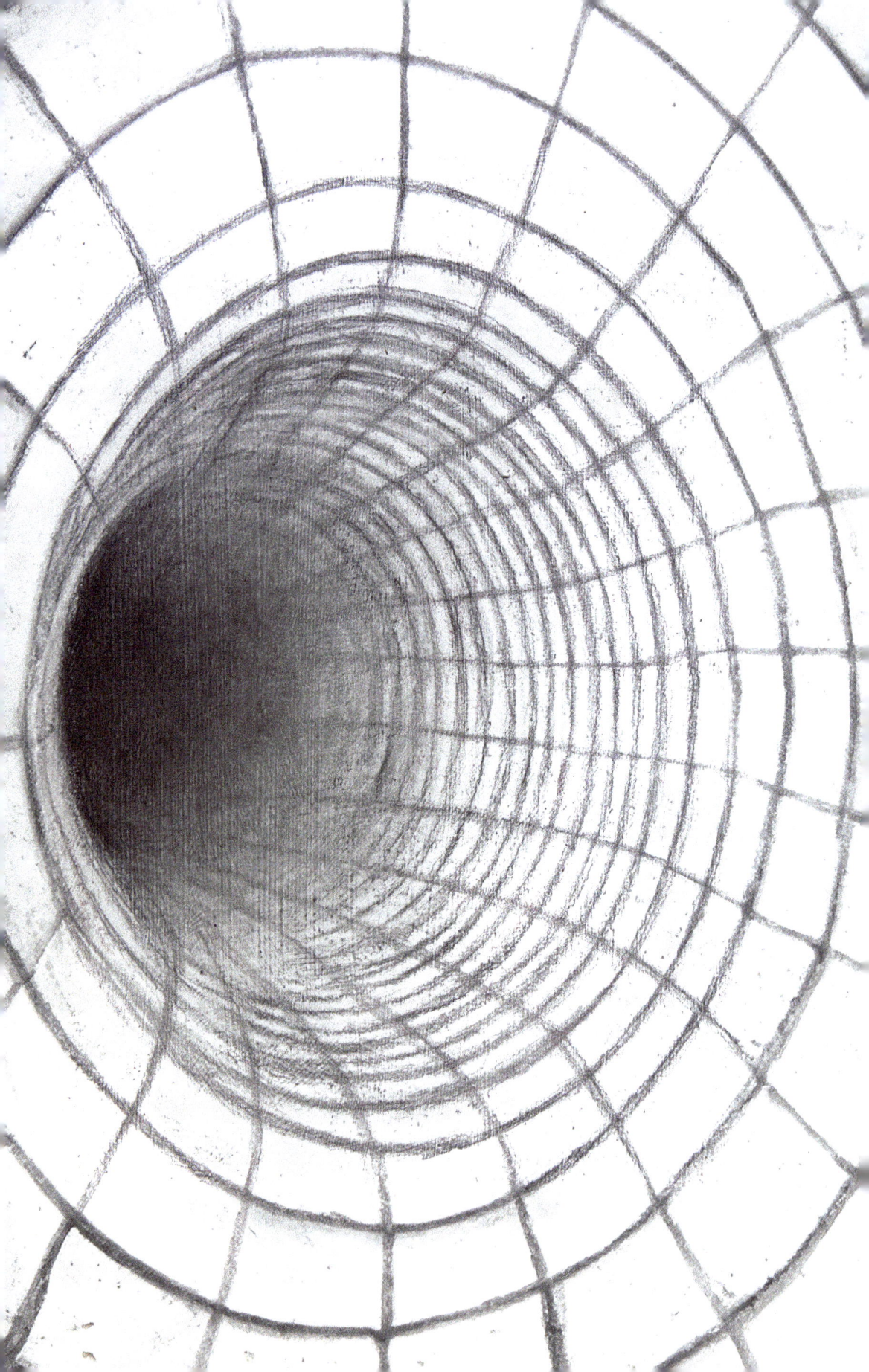

Vision de la réalité vue comme la bande d'un film image par image.

Vision de la réalité telle que nous l'appréhendons.

Les images sont renvoyées de l'écran à la caméra et vice-versa presque à la vitesse de la lumière. Comme un film qui se déroulerait si vite que nous verrions au même moment le début et la fin.

Ouroboros

Rétroaction vidéo.

Ondes électromagnétiques

ZOOM OUT

(A) Mise en abyme du moniteur

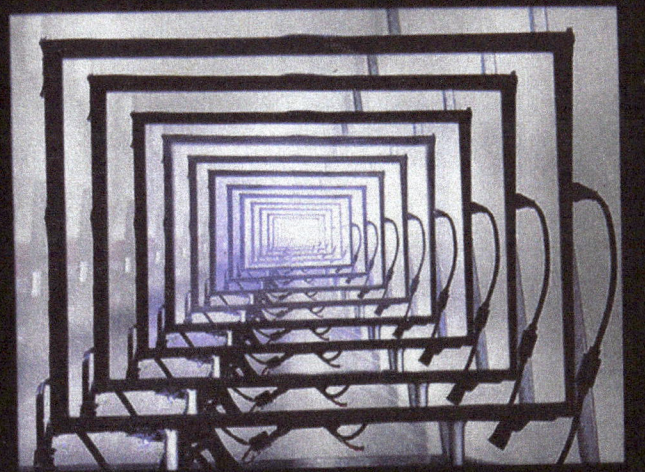

3D

(B) Zoom in jusqu'à la surface de l'écran. Celui-ci n'apparaît plus dans l'image.

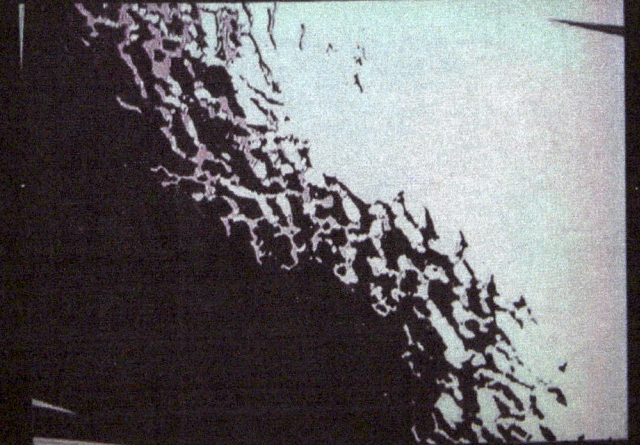

2D

C'est ici sur la surface de l'écran que l'émergence de formes devient possible.

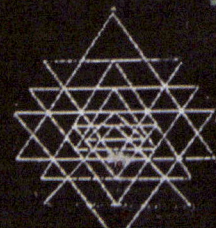

ZOOM IN

Selon la tradition juive, c'est par la langue hébraïque que Dieu a créé l'univers.

Les clés

Les 72 Shemot

de l'univers

Selon la Kabbale, les lettres contiennent et véhiculent l'énergie de la lumière primordiale. L'homme la porte au cœur de ses cellules.

vide

Le grand ⊕

Le haut ⊖

⊕

Connexion

Complémentaire

L'intérieur

⊖

L'extérieur

Le vide

Contradictoire

Le bas

Le petit

⊖

Le plein

עמעום

Nous sommes dans la nature
La nature est en nous.
   Nature est nous
Nous savons quelle est notre nature profonde.
Nous sommes des individus unis dans la partie non visible, comme le sont les arbres, par les racines, sous la terre.

Il ne s'agit pas de faire un choix ou de suivre une direction particulière, mais plutôt de retrouver ses coordonnées initiales. Celles-là se trouvent dans le mode d'emploi que nous sommes. Nous avons toute notre vie pour recomposer ce puzzle. Le choix n'est qu'illusion et la *Choix* direction, celle du courant qui nous *Directions* emporte.

Possibles

Résister O sens

L'esprit contre le corps

L'Horizon
Imaginaire

Chiasme

Limites
Illusion

L'horizon n'est
cette limite

pas un lieu
n'existe pas

L'infini

Dieu

Un dé a plus de combinaison
que 3D...

Joi rationnelle

Forme

L'informe c'est la non-forme à attente de sensible forme. Une sensible devenant d'un environnement qui évoque en lui pensée.

La forme avant le symbole? Le symbole crée l'idée. Puis la forme du symbole s'informe dans l'idée.

L'esprit + la forme

Le cerveau a sa forme. Les idées deviennent formées? La forme d'une idée

Gestalt en allemand = forme au sens "prendre forme" "s'organiser" "construire"

Le chemin nous paraît long, l'arrivée lointaine et pourtant tout se joue sur place. Nous sommes, dès la naissance, sur la ligne d'arrivée. Il n'y a donc pas une trajectoire à prendre plus qu'une autre, il n'y en a qu'une à suivre du regard

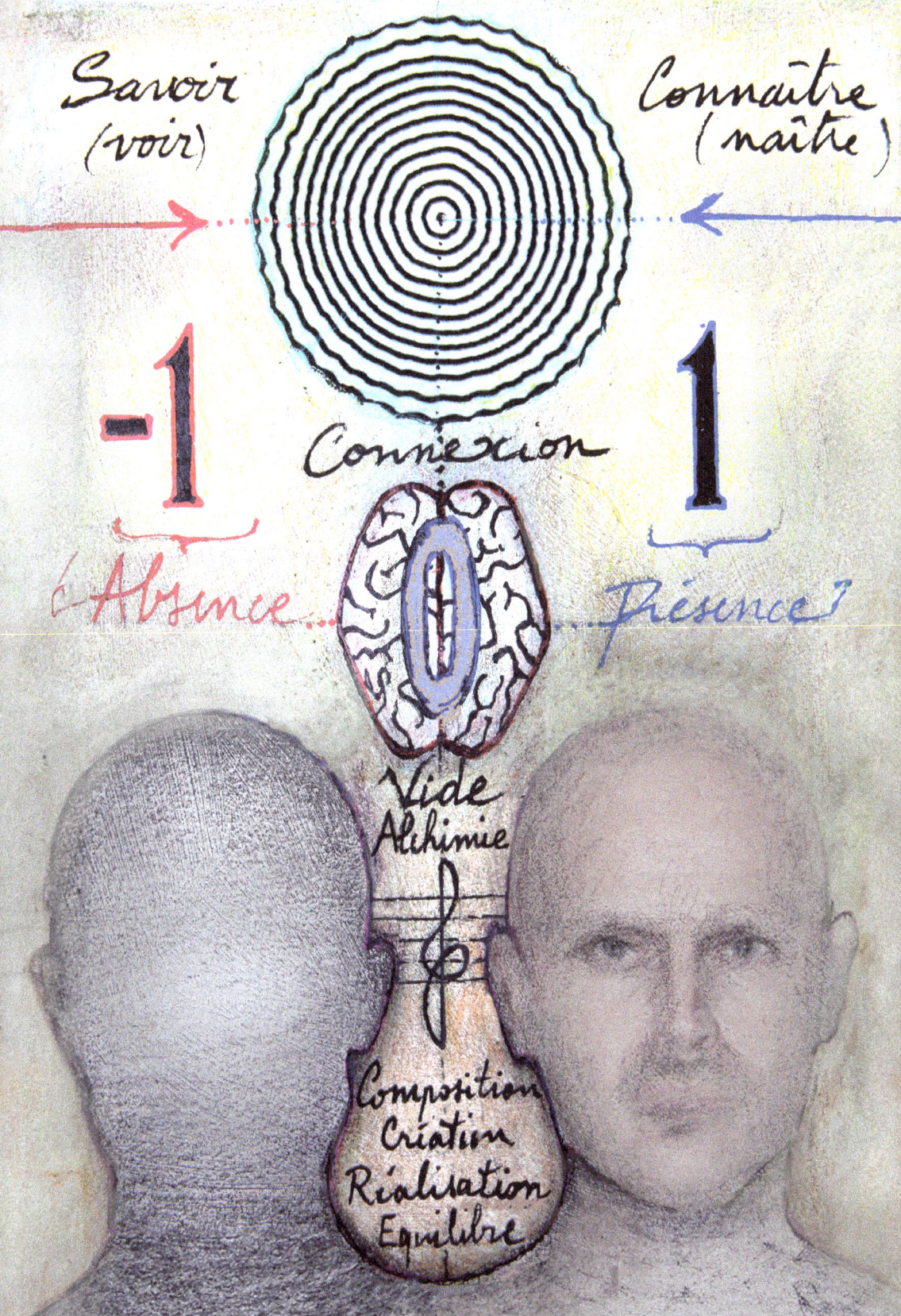

Saint-Esprit

Synchronicités

Présent

36 163 199
9 19 1 18
19 19
10 10
1 1
2

Pater — Non Est — Filius
Est — DEUS — Est
Non Est — St — Non Est
Spiritus Sanctus

Boucle

Rétroaction

Écho

Père   Fils
Passé   Futur

(Substance fondamentale) Hypostases (Principe premier) **3** 81

Mai   Juillet
5   7
⎫
12
―
3

12
―
3

trinité

SCHEMA SYMBOLICVM NOVEM MVSARVM ET APOLLINIS

iuxta mentem Mythologorum & Græcorum & Hebræorum Iconij IV.

Primum — Mentis Apollineæ mens has mouet undiq; Musas — **Mobile**

VRANIA

POLYHYMNIA

EVTERPE

ERATO

MELPOMENE

TERPSICHORE

CALLIOPE

CLIO

THALIA

Paréidolie

Une substance informe, mouvante, saisie par les regards, se cristalise en forme. Un consensus s'installe et la réalité naît. Les choses du monde vivantes ou non, n'ont aucun autre but que celui qu'on leur concède. L'imaginaire, palpe, malaxe et finalement sculpte ce décor qui nous entoure.

Absolument rien

Ceci n'est pas la surface de la Lune.

Image émergente du système vidéo feedback

Je suis le sens
La direction du
reptile m'est
inconnue et pour-
tant malgré
moi, je la
suis.

Marcher sur l'horizon, rêveur

VISIBLE

Mon Corps

Le corps
l'esprit de
lité du
Il est le mé
La surface réfléchissante

nourrit
la materia-
monde
diateur.

L'esprit saisit le corps, Il l'anime aussi. Il transforme la matérialité du monde en information. Il est le miroir réfléchissant.

A.M.

INVISIBLE

ESPRIT

Quasi-cristaux dans la première explosion nucléaire

CREATION

Ma vie est unique et sans retour.
Je regrette les vies que je n'ai pas vécues. ~~...~~
~~...~~

Leurs souvenirs m'envahissent.
~~...~~

Toutes ces vies, ces histoires compressées en l'instant. Mon présent à présent, trop lent trop court, ne peut s'ajuster au déroulement du film, qui pourtant dure si peu.

Émergence d'une forme organique au sein d'une structure géométrique simple. Le simple se multipliant devient complexe et engendre une nouvelle *hypercube* forme, qui à son tour, repro duira le processus et ainsi de suite augmen tant la complexité

video feedback

jusqu'à un équilibre parfait ou l'effondrement, le chaos. De toutes les manières l'entropie finira par vaincre l'équilibre.

Le soleil symbolise le jour, la lune la nuit. La lune dans un ciel clair vous apparaît comme l'empreinte de la nuit.

Claire

Il n'y a ni nuit ni jour dans l'univers. La lumière, c'est la matière se reflétant en elle-même. Comme notre soleil qui, entre autres, se reflète sur la lune ou la terre.

Extérieur

L'étoile

Obscure Lumière Intérieur

Hyperspace

Pont

Passé

À Paris un train
Marseille est sa
Le train est si
est à Paris et la
Les voyageurs en
train sont déjà

Espace-temps

temporel

60 70   80   90   100

est en gare.
destination -
long que la queue
tête à Marseille.
montant dans le
arrivés à Marseille.

futur

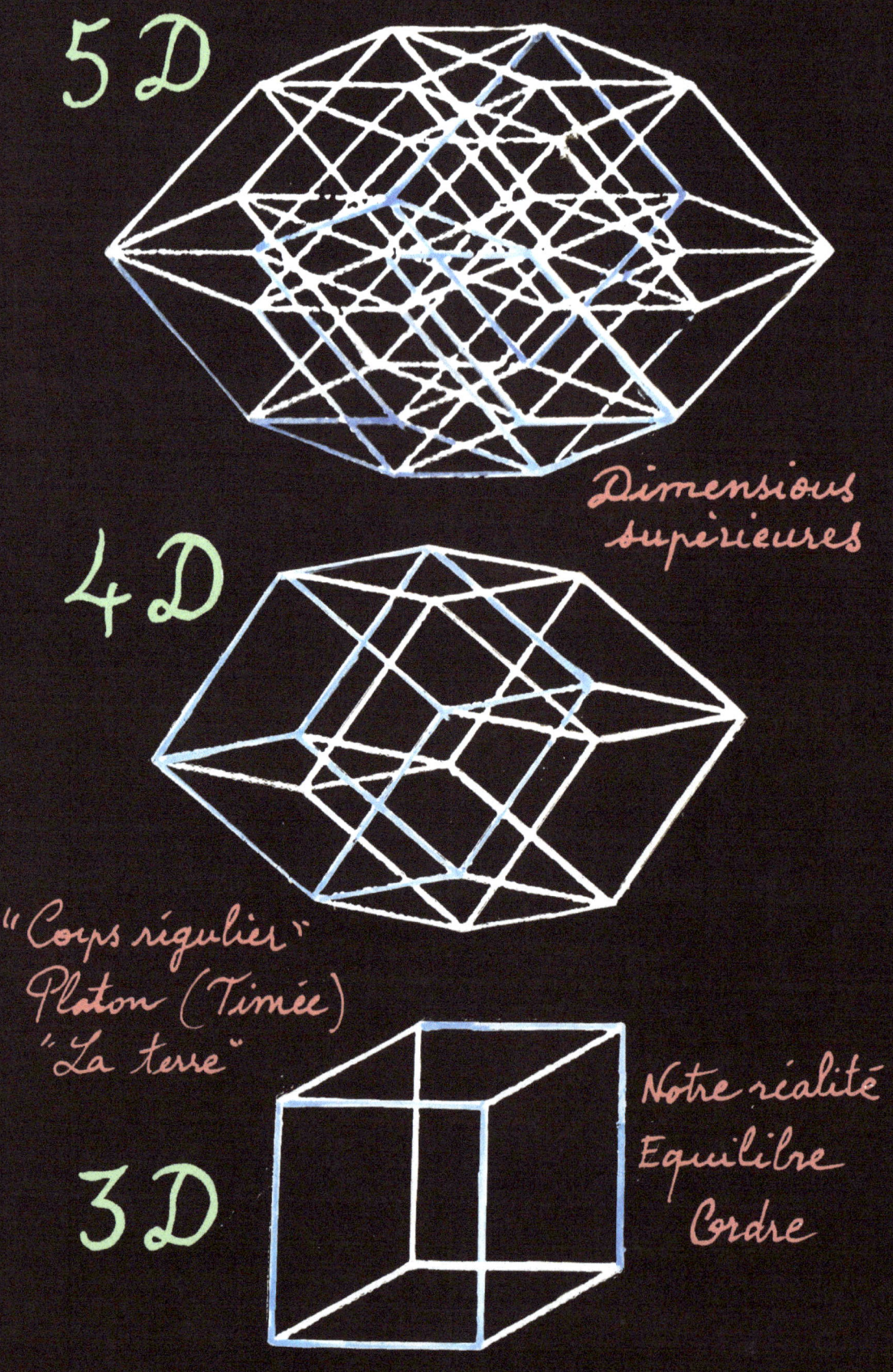

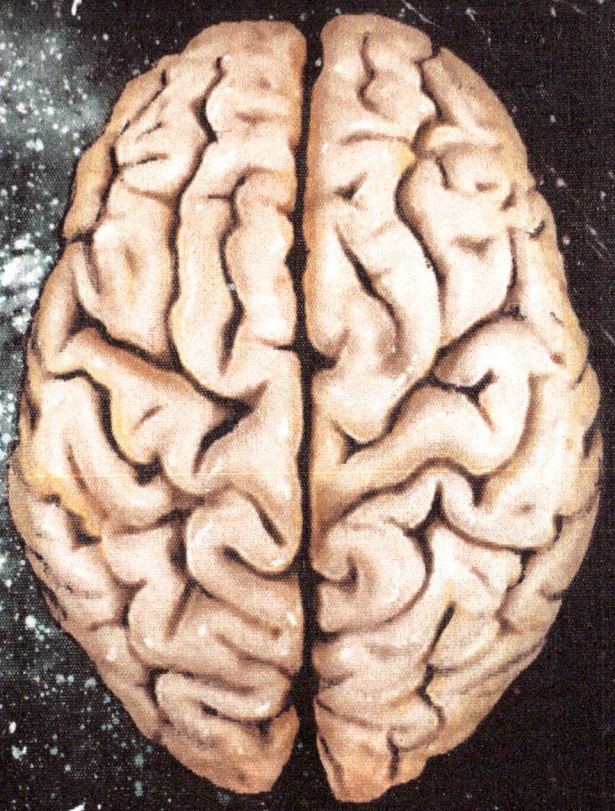

Du ciel étoilé a découlé la pensée. Éblouie elle s'est perdue et toute son épopée n'a pour but que de retrouver la voie vers le ciel.

1 ART
10 MATIÈRE
5 ESPRIT

19

La Lumière (2)

9

M 4   5 E

Masse
Matière

Energie
Esprit

Les Ténèbres (7)

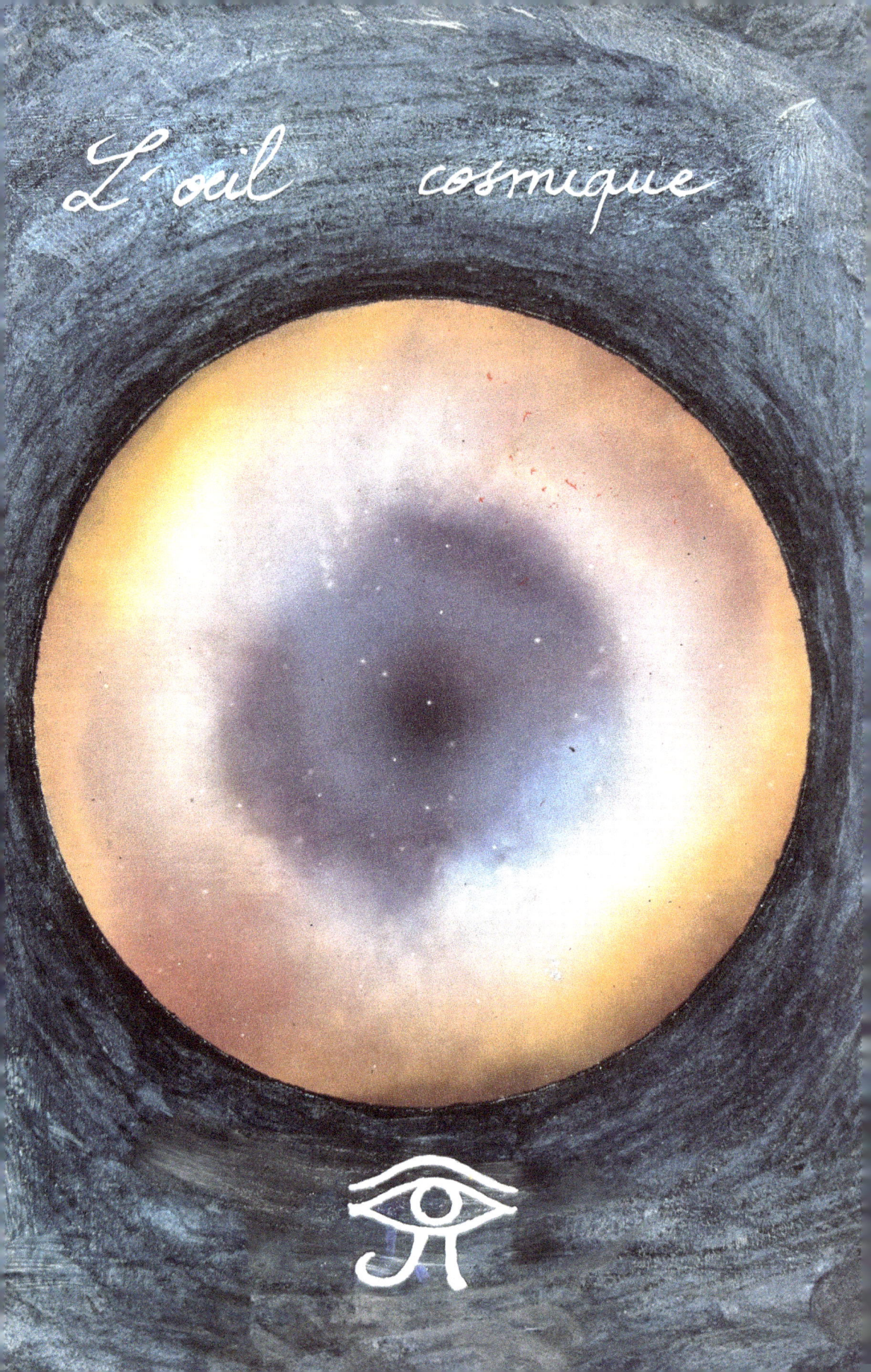

Haut כיור

Horizon
Illusion

Miroir
Reflet

מים
Eau

Descendre — Monter

Crossed eyes

Haut — Foi

Le corps   L'esprit
Absence   présence

↓   ↑

La chute   L'ascension

Le plein   Le vide
↓   ↑

Rejet · Introversion · Introspection · Saut

Fatalité — Bas

Intérieur   Extérieur

Existe-t-il un monde sans chose sans repère pour les sens ? mais un lieu sans chose, sans limite est-il toujours un monde ou bout simplement le néant ?

Feu   Naître

Cherchant à échapper à
se dirigeant vers la lumière,
Elle tisse sa toile, reliant tout
Mais les ténèbres persistent,
leur échapper, puisque ce sont
sens à la lumière –

l'obscurité, tel un insecte
la vie cherche à fuir la mort.
ce qui   brille -
elle ne   peut
elles qui   donnent

Le Dieu 2D virtuel

La pure transcendance
Le néant
L'infini cosmologique

L'origine de toutes choses
L'infini mathématique

Finitude
9
Infinitude

« 6 » ptolomy force

Énergie noire primordiale

Création des mondes
L'intrication

Cube 3D matériel

Fleur de vie

L'émanation Ein Sof
(L'être infini)

L'océan infini   Noun   Puissance inconnue et inconnaissable

AUTO-GÉNÉRÉE

Ne pense pas à la course, au but à atteindre ou là d'où tu es parti, vide-toi et tu tiendras.

Comme pour la musique, si tu cherches à décrypter la note ou identifier les instruments, tu n'écoutes pas la musique.

SI TU ES HANTÉ PAR LES POSSIBLES TU TE PERDRAS DANS TON LABYRINTHE INTÉRIEUR

Atman
souffle vital

Brahman
absolu

Un être / deux entités
l'un observe / l'autre il
de juge / agit

Un

Deux Réalités

l'autre qui / est lui
réagit / Il se
reflète / entre
identité

Une / L'équilibre
lien entre / de ses
s'installe / soit
deux entités / Le soi
Le moi / son
son / identité

Unifié

Onde

432Hz

440Hz

Vibrations

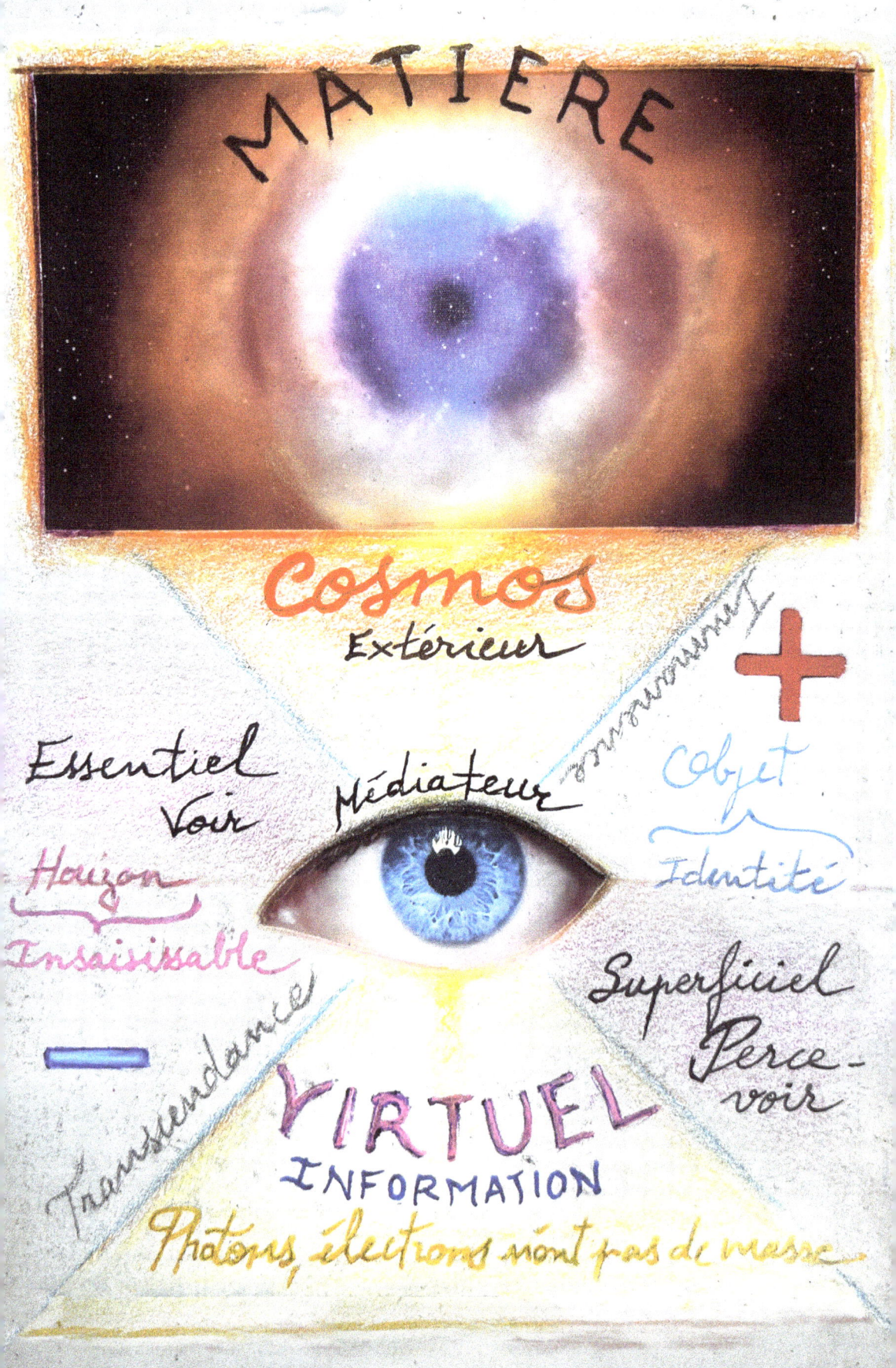

7

L'O

מלא

Du vide naît le plein, la matière, qui le contient.

9

Absence éternelle au coeur d'une présence éphémère.

L'R

La chose en-soi nous est inaccessible parcequ'étant face aux choses, nous restons toujours à l'écart d'elle.
Atteindre la vérité c'est disparaître à soi-même

Notre image est une croyance engendrée par le regard des autres, notre reflet dans le miroir etc... Je dois dissoudre cette ID de moi qui n'est qu'un costume d'apparat relié forcément au décor qui l'environne. Je dois dissoudre cet horizon, cette illusion qui sépare.

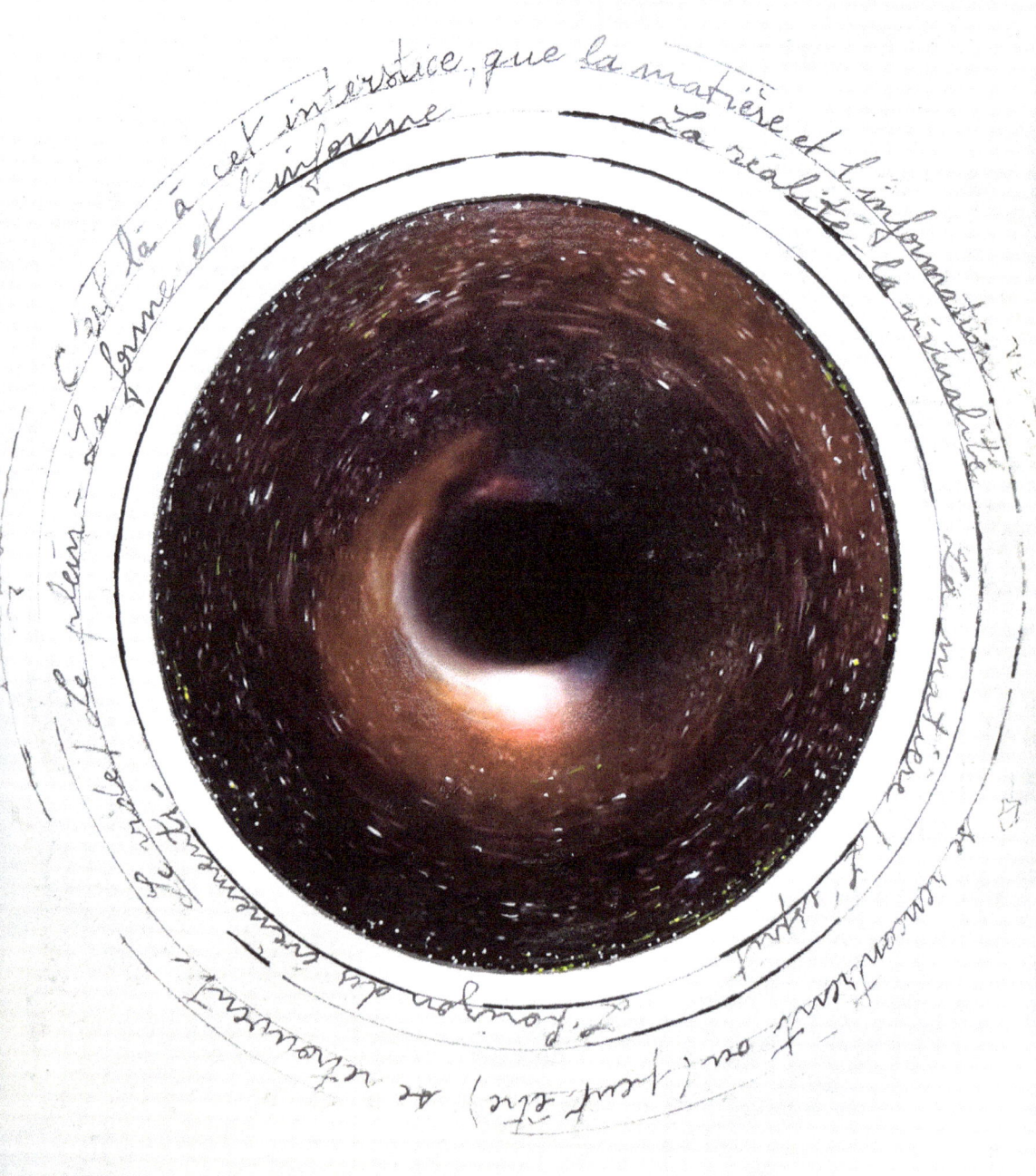

Horizon
Division

Espace

temps

Limite imaginaire

Jeux de miroirs

L'œil qui me sert à voir Dieu est cet œil la même par lequel Dieu me voit... c'est le œil de Dieu... (Maître Eckhardt)

Les deux yeux ne font qu'un

C'est là, à cet interstice, cet horizon, que le plein et le vide, la matière et le virtuel se rencontrent... ne peut être vu autrement...

Univers
Cosmos
Réalité

C'est là que les possibles se concrétisent et que les temps originent... regards vers...

Infini virtuel

Infini V

(Récepteur / Émetteur)

Horizon
Temps — Espace

Lumière virtuelle
Petit Bas

Deux miroirs se reflétant l'un l'autre engendrent une mise en abyme, un infini virtuel

Grand Haut

Lumière Matérielle

*Sans lumière il n'y a plus d'énergie et la vie alors disparaît
Sans d'énergie il n'y a plus de lumière et alors la vie disparaît*

Fini

Les contraires ne sont qu'un reflet du même

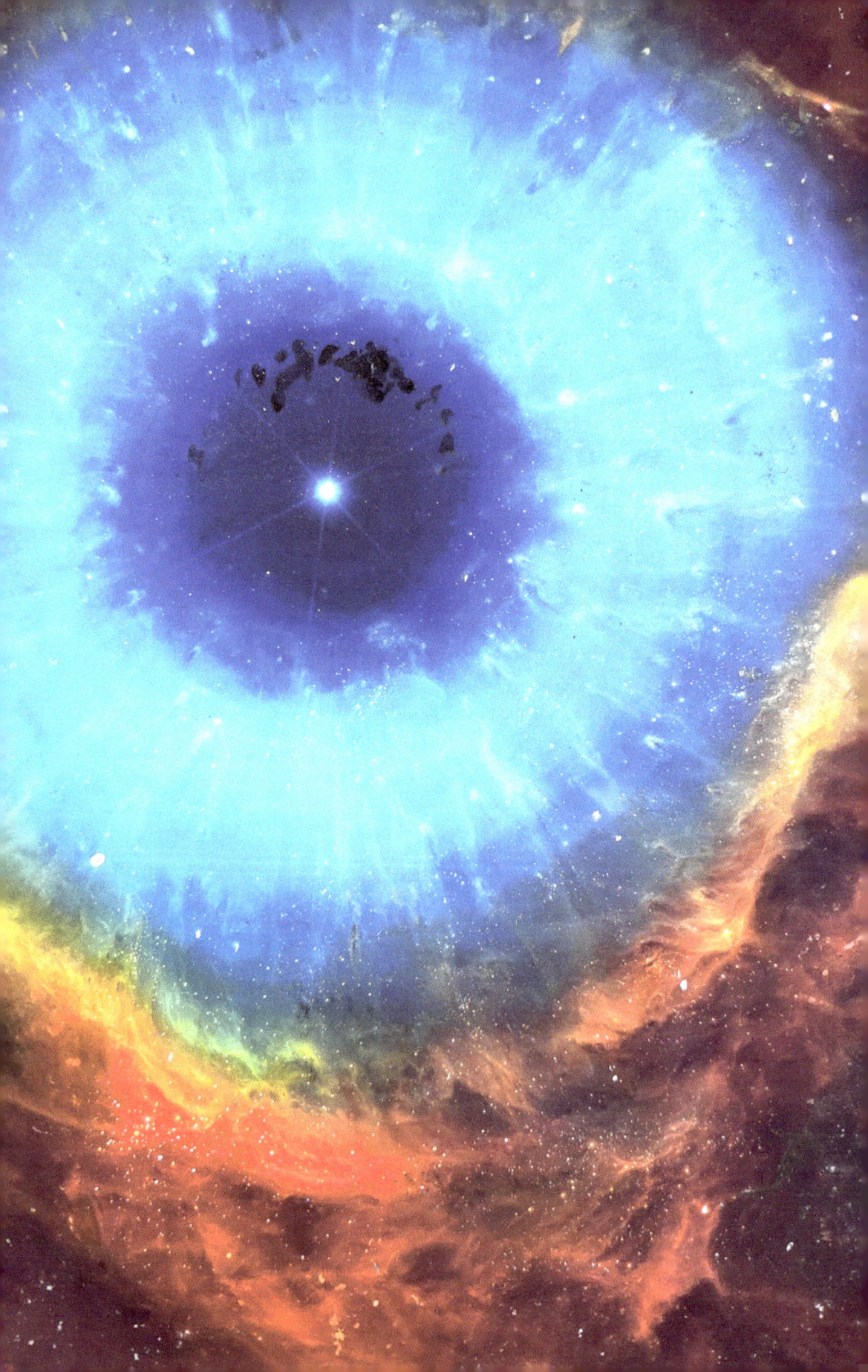

L'œil cosmique

Un jeu de miroirs qui fait apparaître le monde

Le regard de l'autre est notre propre regard sur nous-même.

Comme les trous noirs, l'œil absorbe la lumière

Sans energie il n'y a plus de lumière, et tout alors disparaît dans l'obscurité.

Ecran LCD

MECANIQUE

S'il reflète le visible, alors il fait écran à l'invisible.

Caméra Vidéo

~~Voir
Regarder
Mémoriser~~

Saisir
Capter
Enregistrer

L'oeil qui reflète sans réfléchir.

Haut   **8°E**   *Biologique*

Absolu

Vérités de L'instant

Un   Œil

Absence / Présence   Sens   Horizon / Conscience

Deux **Perception** Regard

Temps / Présent / Espace

Bas   **Haut**

La vérité doit être égale à l'unité. J'attendre serait se fondre en elle.

Système perceptif sans rien à percevoir —

Video feedback

Émergence d'un monde

Écran LCD

Caméscope

(Machine Autopoïétique)

Comme si l'espace entre la caméra et l'écran avait disparu. L'image apparaît simultanément sur l'écran TV et sur l'écran du caméscope.

Le monde existe-t-il s'il n'y a personne pour le voir ?

(Autopoïetic systems)

Paysage auto-generé par le système vidéo feedback

ESPACE

L'harmonie se fait par l'union des

TEMPS

contraires, car la dualité fonde l'unité.

Hypercube engendré par l'observateur

L'infini fini

Un espace limité vu de l'extérieur, infini vu de l'intérieur. Mais les deux espaces (int. ext.) sont identiques juste à des échelles différentes. L'illusion observée à l'intérieur du petit cube est la même dans le cube supérieur. Même chose dans les étages sup.

Géométrie organique

La voie centrale permettant d'équilibrer les forces à l'œuvre

Forces fondamentales qui animent tout ce qui existe dans l'Univers.

Tout naît du vide

2D *Symbole Forces*

Objet Masse **3D**

Une illusion bien réelle —
Notre réalité **3D** est virtuelle
Nos yeux sont *objet* comme des
caméras et nous, tels

⊕ — Crossed eyes — ⊕

2D *virtuel* 2D

des réalisateurs construisant
ce film projeté en
nous-mêmes et dans lequel
chacun, en ⊖ héros, joue sa
propre histoire.

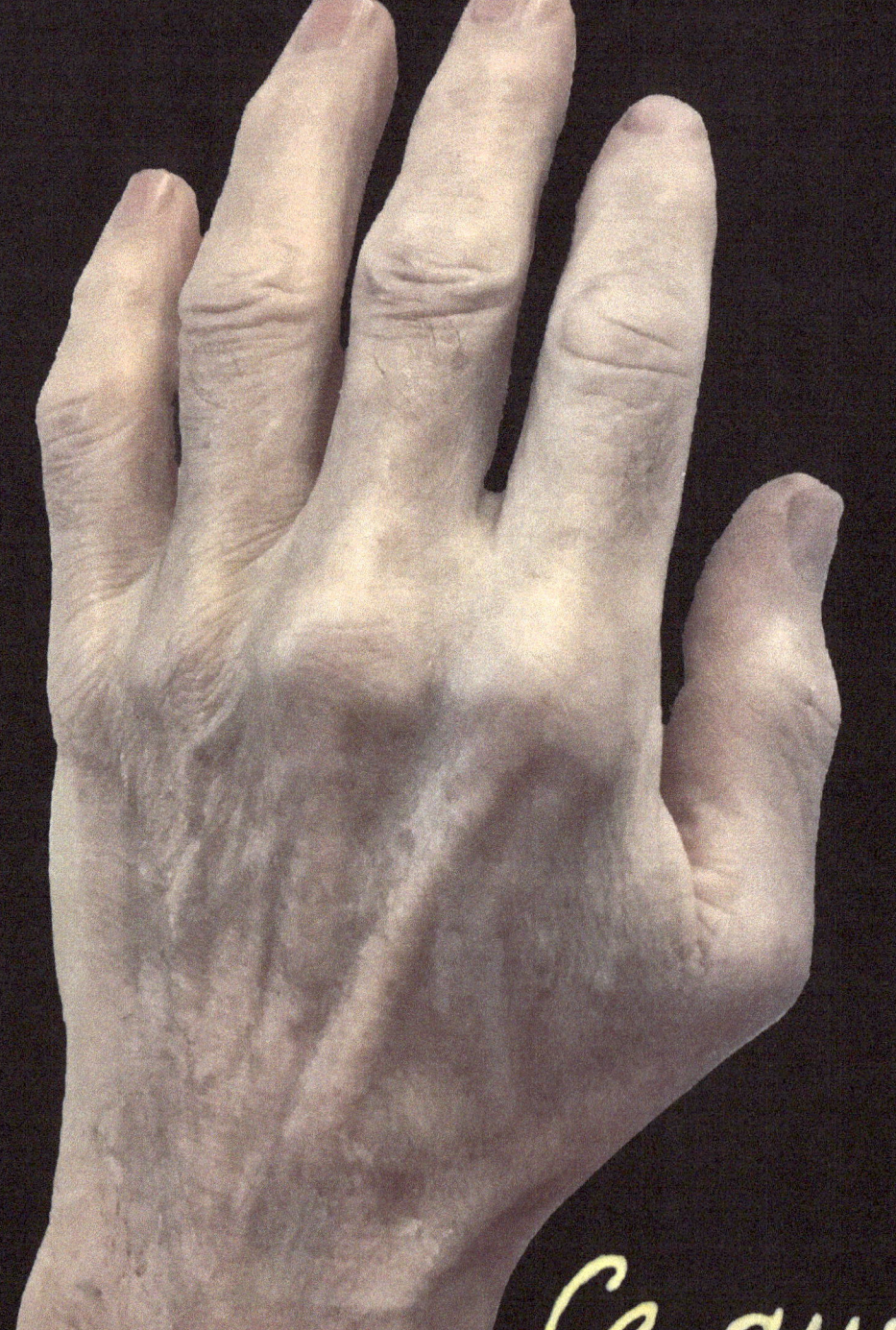

Ce qui

sera est ce qui était

Fini dans l'infini

Un tout dans lequel la vie en s'écoulant impliquerait le temps ?

Est-ce nous qui produisons la réalité ? Nous la perdrions en nous et non en dehors de la vie celle-ci ne serait-elle qui meurt ?

Le temps vécu, indéniablement disparu, est pourtant celui-là même qui me constitue.

Le mouvement, la vie nécessite une durée. L'action n'est pas envisageable sans le temps.

Est-ce que la réalité se construit au fur et à mesure ? Dois-je mourir pour mourir ?

Tous mes souvenirs sont tels les maillons d'une chaîne me rattachant à mon identité.

L'empreinte

Flatland

Compression du temps dans une surface

du temps

épaisseur comme y écran dans le quel s'inscrit l'empreinte

Continu | Ininterrompu

Énergie | Vide

ESPRIT
5 17 99 2 > 33 > 6

6

6 + 4 = 10

VIDE
49 45 > 22 > 4

ÉNERGIE
5 5 5 9 7 9 5

Instant
Instant

Instant

VACUITÉ
4 1 3 3 9 2 5
27 > 9

Instant

$\frac{45}{9}$

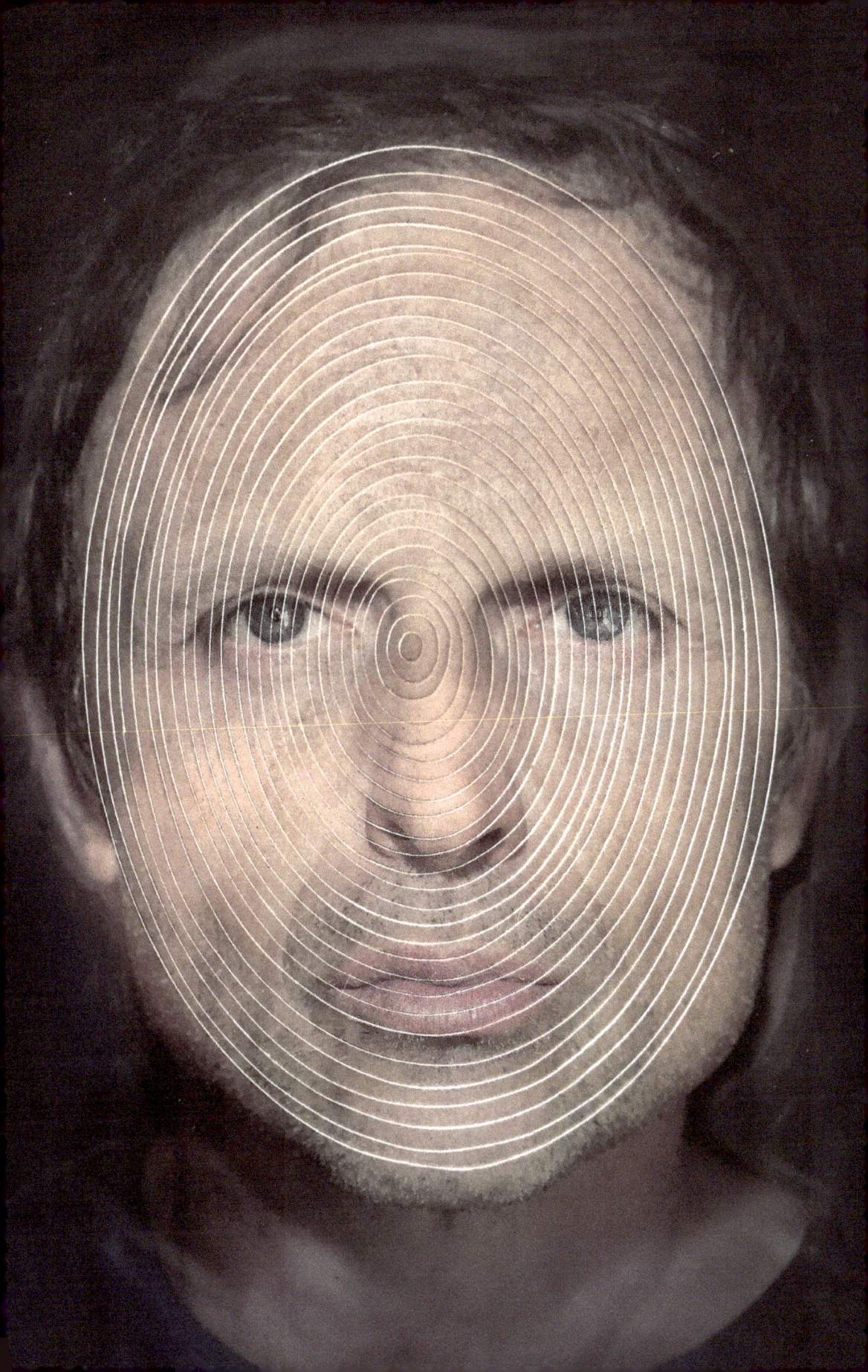

DESCRIPTIF VIDEO FEEDBACK

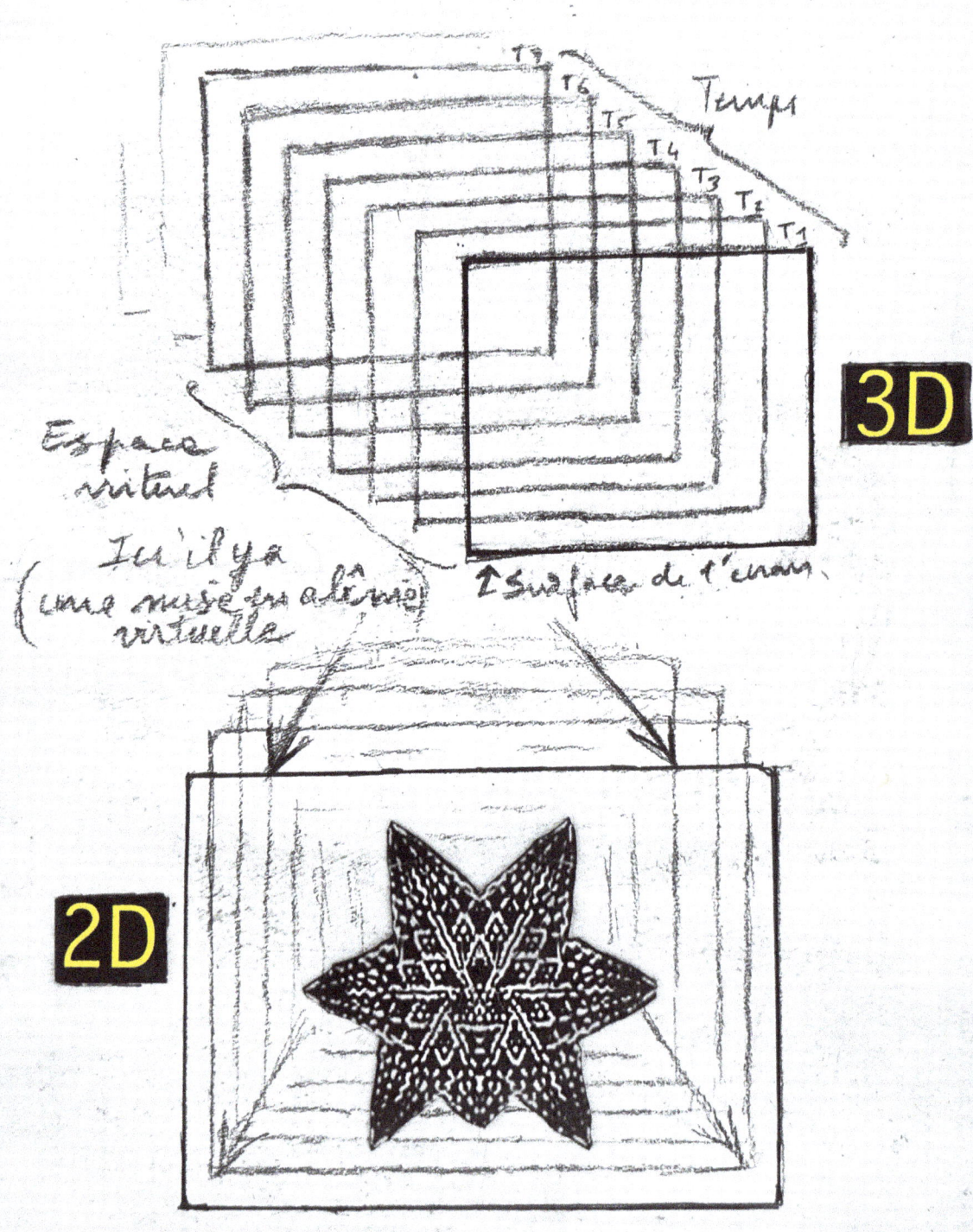

Un principe vidéo feedback nécessite une caméra et un écran TV reliés l'un à l'autre et se faisant face. Entre les deux, rien à voir. Comme deux miroirs se réfléchissant l'un dans l'autre, la lumière fera naître une mise en abîme. Celle-ci doit être

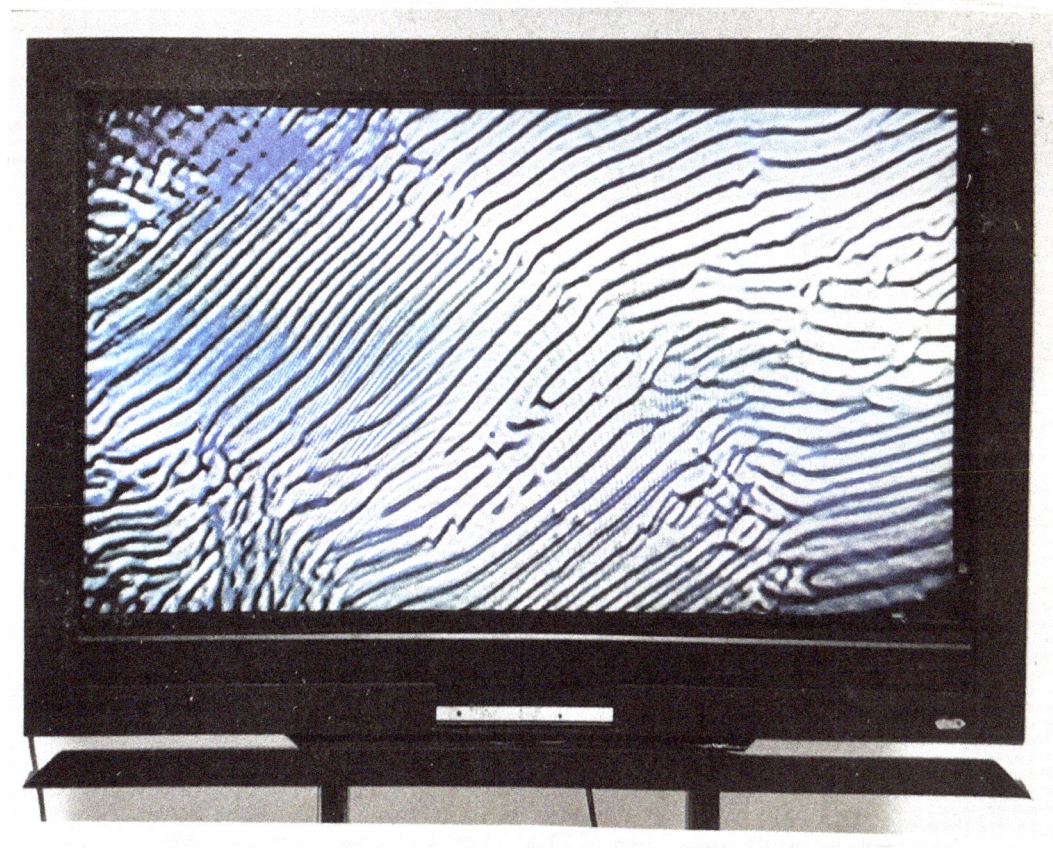

compressée (virtuellement) sur le plan 2D de l'écran. Le regardé et le regardeur ne font plus qu'un et tout un univers de formes émerge. Et si notre réalité émergeait d'un principe similaire ?

Sous sa forme virtuelle l'objet prend corps dans le sujet.

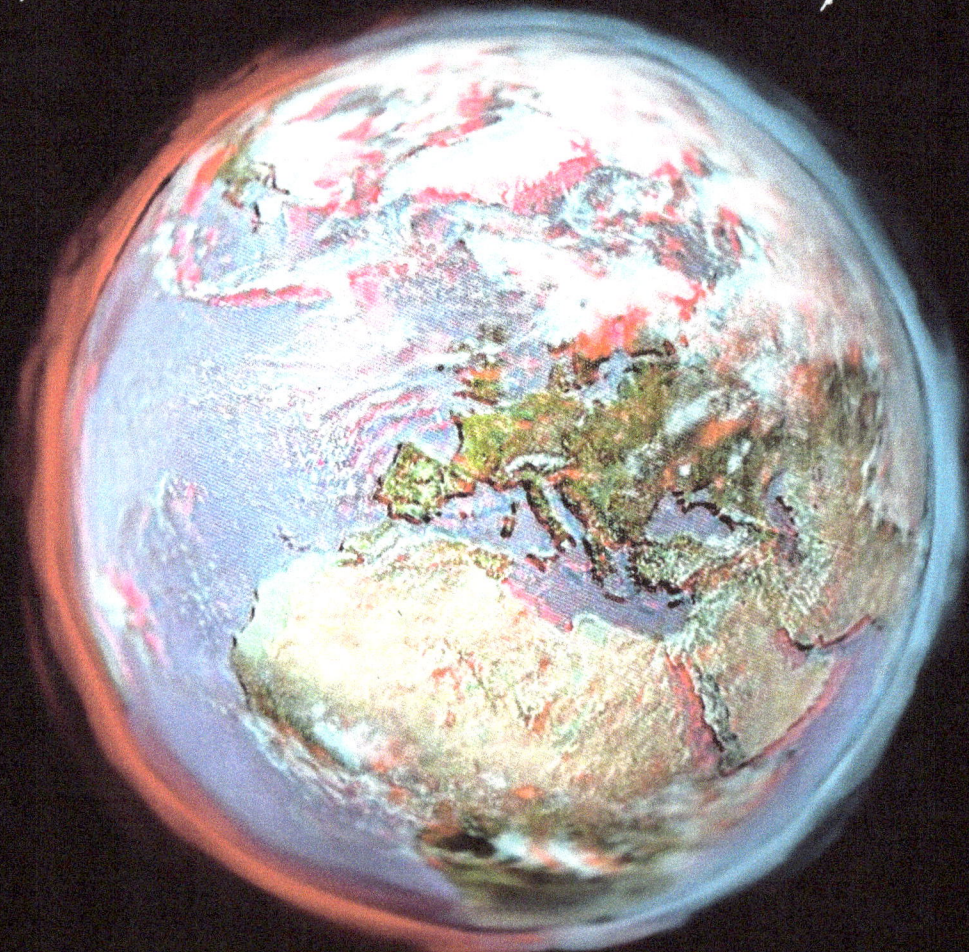

Ce mirage devenu une empreinte indélébile et dorénavant bien réelle.

INTELLECT | EMOTION

Opposés | *Unifiés*

TEMPS

ESPACE

La conscience peut se déployer ici.

Reflet — Réfléchir — Réflexion

OBJET

La partie invisible est celle qui voit.
L'identité est un repère, comme l'est
la bouteille flottant sur l'océan.

L'objet c'est   Le sujet c'est
l'absence   la présence

Fini   Infini (Durée)
(Instant)
                            L'image est
Le corps   médiatrice
La matière   entre le monde
                            matériel et
L'esprit   la conscience
La conscience

                             J'habite
                             la partie
"Stade du miroir"   vide de mon
et l'être profond, s'identifiant   corps
à son image, donne naissance à
son avatar "Moi"

SUJET

Sitôt par l'absence
comme nous le sommes par le vide

L'espace a besoin
du temps pour
être parcouru

Le temps a
besoin de
l'espace pour
s'écouler.

La dualité   L'absolu   La division
   L'unité

Futur   Passé

Le silence   Le bruit

Le continu
est inaudible.
Il nous est
inaccessible.
Nous avons
besoin de référents
pour saisir le
réel. Nous
procédons toujours
par analogies.

En percevant,
nous divisons
la droite de la
gauche, le bien,
du mal, etc...
puis nous établissons
un équilibre,
un jugement.

Continu

Je suis une clef de moi-même. Un personnage d'images ? inachevé et à venir, que en vain, je cherche à savoir.

« Je suis un avatar (virtuel) qui effectue un voyage apatride dans un coprimatriel. »

Nature

Organismes "organiques" (auto-génères)

Matériel — Esprit — Virtuel

Formes — Corps — Idées

Physiquement mon cerveau est en moi mais je suis virtuellement dans mon cerveau une idée de moi produite par moi même.

Le monde qui m'apparaît n'est déjà plus

Percevoir

C   V

Conscience

Le monde fait naître la conscience, celle-là-même qui fait exister le monde.

l'hypercube Tesseract

Voir un objet sous toutes ses faces au même moment d'un seul coup.

Être partout à la fois

... le corps → l'esprit (la conscience)

Une représentation 2D d'un cube, donc 3D se déplaçant dans une dimension 4D

(la mémoire)

L'esprit rassemble des moments dans le temps. Un peu comme cette représentation du cube dans l'espace.

La même forme à des endroits différents. Cela n'existe que si le temps s'écoule d'une forme de la sorte.

3,141

Vision de Dieu

Dans le système vidéo feed back, le passé et le futur sont compressés sur le plan 2D qui est l'écran.

Cela dit, un décalage temporel entre les images existe bien.

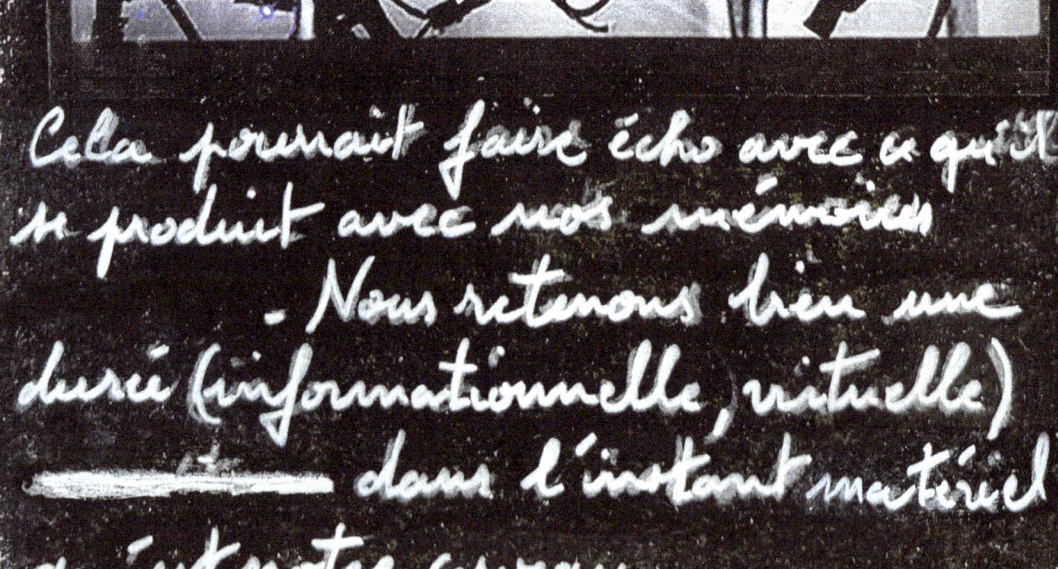

Cela pourrait faire écho avec ce qu'il se produit avec nos mémoires — Nous retenons bien une durée (informationnelle, virtuelle) dans l'instant matériel qu'est notre cerveau

@ est une position dans le temps où ce texte a commencé. ⓔ en est une autre dans le futur où le texte se termine. Le texte n'étant pas encore achevé, ou bien ⓔ n'est qu'un possible pas encore réalisé ou encore de l'information déjà inscrite dans le futur. Si le futur "existe" déjà alors ce texte est déjà terminé.

Passé

Futur

Et moi là, qui écrit, étant presqu'à la fin du texte et donc entre la position en @ et celle en ⓔ, suis-je aussi de l'"info" en rapport à un futur préexistant?

1

2

A l'exception du crayon à papier, je vais garder
foi le carnet terminé.

deux pages vierges. Je reviendrai dessus une

De l'exterieur,
il est impossible de
se voir tel que nous sommes
réellement.
L'image que l'autre a voit de
"moi" est beaucoup plus
claire.
C'est peut-être pour cela que
son regard a tant
d'importance.

Est-il possible de se voir
réellement de l'intérieur ?
Mon image extérieure, mon
identité font écran.
Comment faire le vide et
se retrouver ?

Je suis la voix. Le silence est de or.

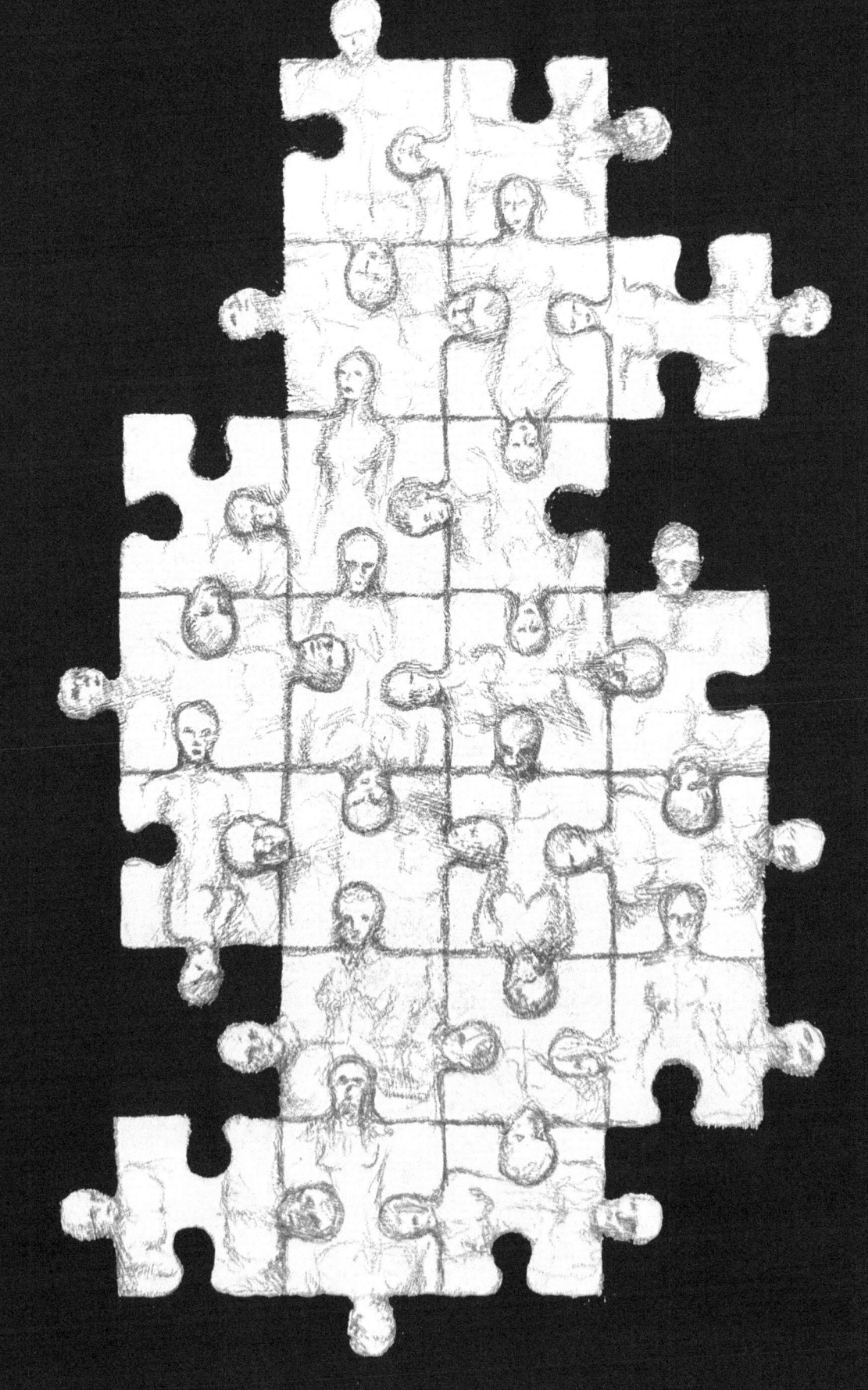

Matrice extérieure

tel l'horizon nous sommes cette frontière médiatrice entre le visible et l'invisible, la matière et l'information.

Pt de référence ⟹ **Echelle**
Naissance d'une absence

Micro → Macro

⊕ ⊖

Sens contraires | Matière · Énergie | Même sens

A la fois sans pt de référence = Aucun sens

Contenant   Contenu

Vide   Vie

Dans la production de la tâche de Rorschach, côtés droit et gauche du motif apparaissent simultanément. Il n'y a pas une partie avant l'autre, et pourtant nous pourrions considérer qu'un des côtés est l'original et l'autre la copie. Si nous envisageons de la sorte le passé et le futur, cela pourrait faire penser à l'émergence du présent.

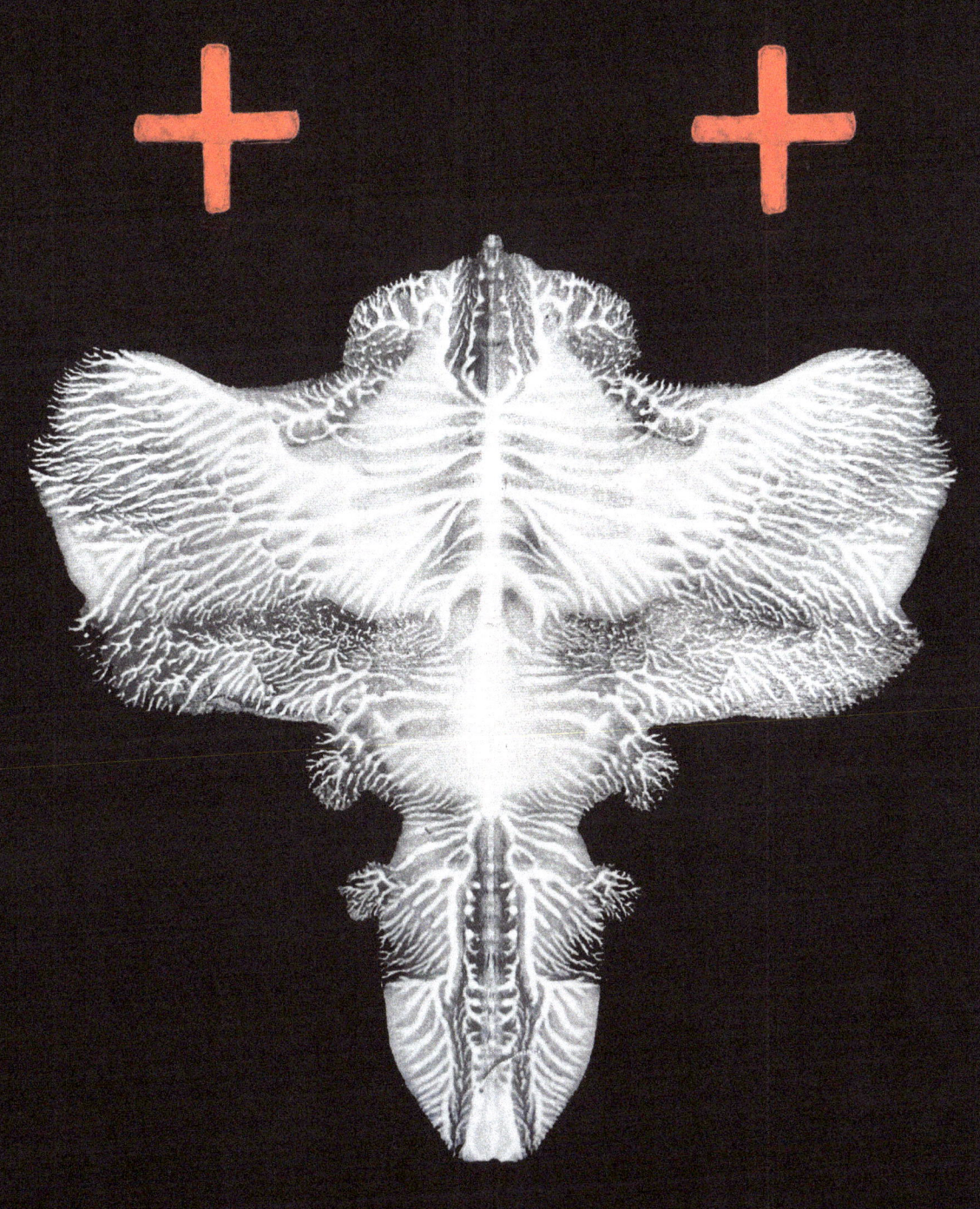

Le diable divise mais ne peut se refléter. Le reflet divise. La réflexion unifie.

Emergence

01025808

Imaganique

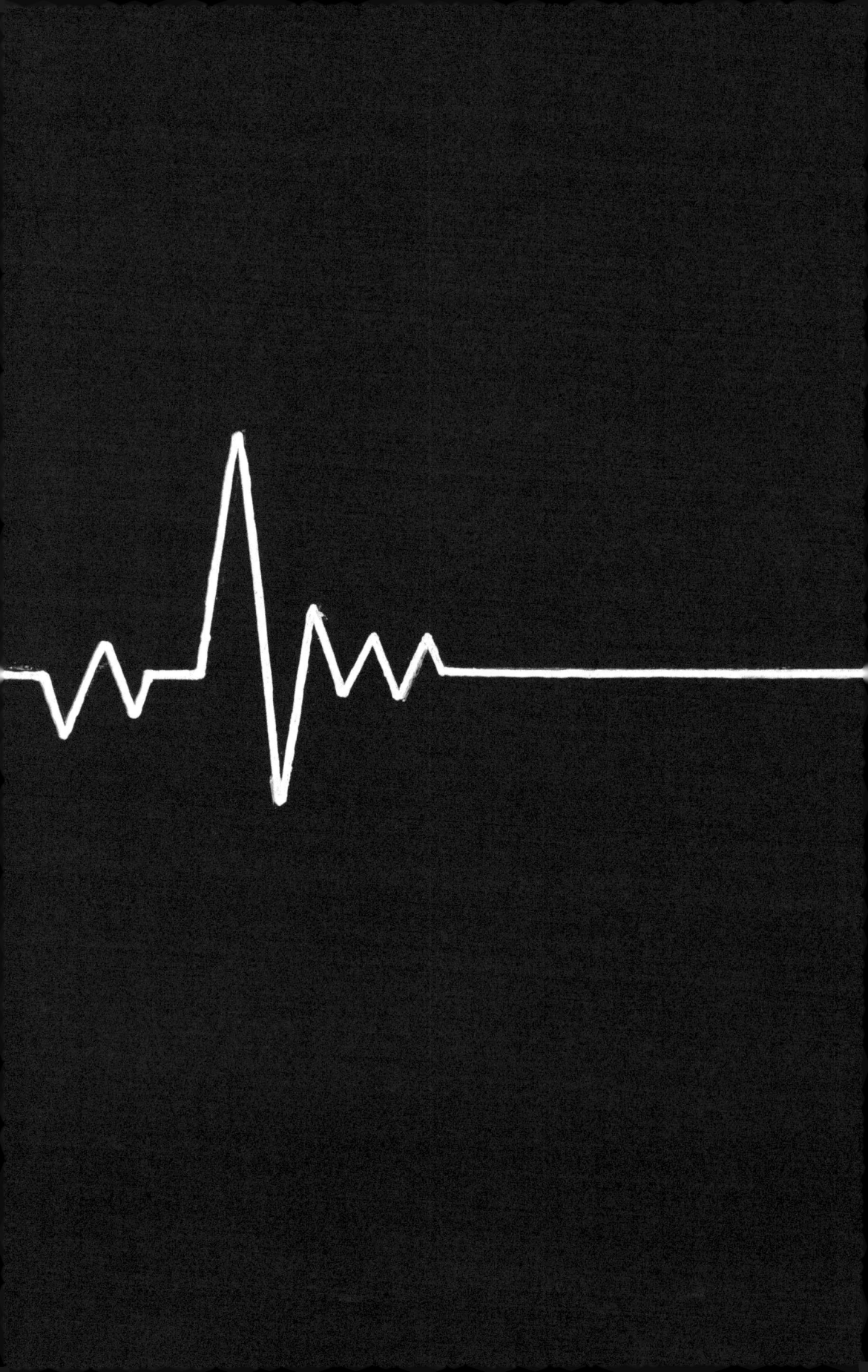

TRADUCTIONS / TRANSLATIONS

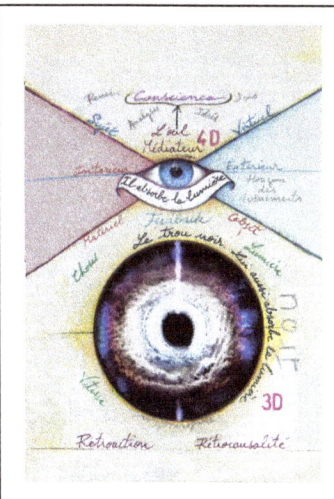

Thoughts **Consciousness** Senses
Subject **The Mediating Eye** Virtual
Interior   Exterior
                It absorbs light
Material   Feedback   Object   Event horizon
                The black hole
Things   Light
                                                    BLACK
Speed   also absorbs light

Retroaction   **Retrocausality**

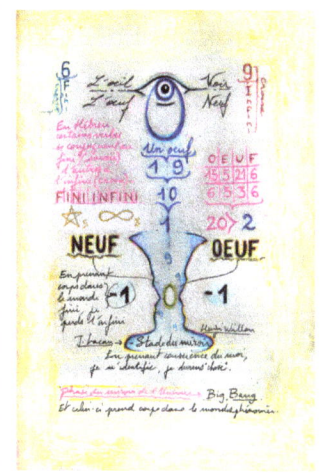

Eye   Sight
Egg   New/Nine
        Egg (A new)

In Hebrew some verbs are finite (knowledge), others are infinite (belief)

FINITE | INFINITE

NEW/NINE   EGG

Having a body in the finite
world, I lose the infinite
                                        Henri Wallen
    J. Lacan   The Mirror Stage

        In becoming self-conscious, I
        identify myself, I become a "thing"

Mirror stage of the universe = Big Bang
and this takes bodily form in the phenomenal world

The hermetic language
of
Center   form   New

Past   Future

Material   **HERE**   Temporal
absence   space

Virtual   **NOW**   No distance
presence

            Double   Meaning

Art is the hermetic language of form. One shouldn't address initiates in particular, but rather the hearts of all men in search of truth. A purely conceptual realization appeals to the mind, the intellect (first of all). On the other hand if the idea manifests itself in the form, then the senses will be called upon in the same way as the mental.

"Origami cat"

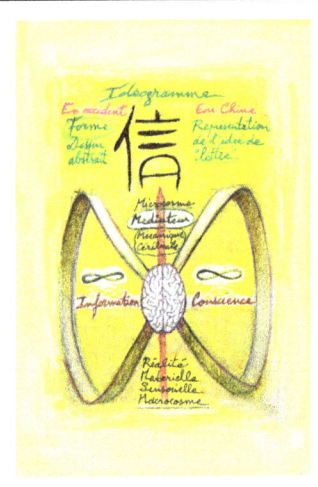

Ideogram

In the occident	In China
Form	Representation
Drawing	of the idea of
Abstract	the "letter"

Microcosm
Mediator
Mechanical
Cerebral

Information   Conscience

Reality
Material
Sensory
Macrocosm

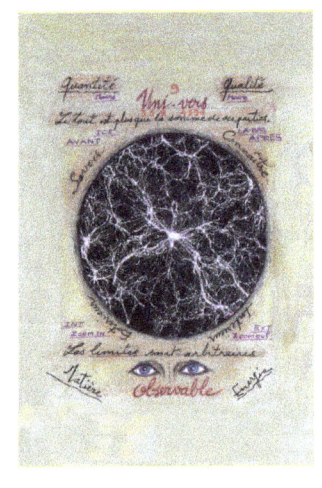

Quantity   Quality
Micro   Macro

Uni - verse ("united toward")

The whole is more than the sum of its parts.

HERE   THERE
BEFORE   AFTER

Knowledge   Understanding

Exterior   Interior

Matter   Energy

Limits are arbitrary

Observable

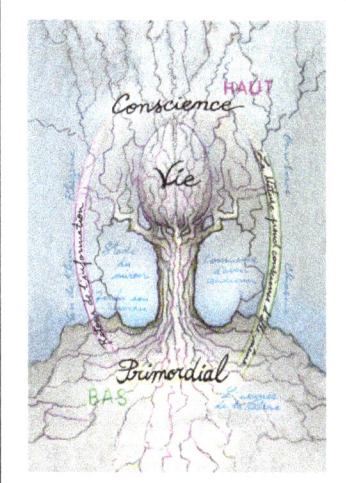

HIGH

Consciousness

Life

Rhizome / Return of information

Uroboros / Nature conscious of itself

Mirror Stage

Conscious of having consciousness

Kleinbottle / Thinking the brain

Chiasmus

Primordial

LOW

The essence of nature

Photo taken in Etretat – "state of being"

I am in the world The world is in me.

[Etretat ("État d'être") is a place in Normandy.]

Presence of mind

Presence   Being   Absence

Giving meaning

Directions home

Going toward

Chaos

Order

Trajectory

Large

Small

Way

Necker cube

Chiasmus
Reality is an illusion.
Illusion is reality.

Compression

Tension

Mass

Energy

REALITY

Extension

Forces

Apollo — God of the arts   Finite   HIGH   Singularity   Dionysius — God of life
Infinite   Contact (with the whole)

Reflection   Dynamic

Creation

M I R R O R
A R T

Part Whole   Stone   Brain   mise en abyme

Large   Small

LOW

The heart harmonizes us. The head divides us.

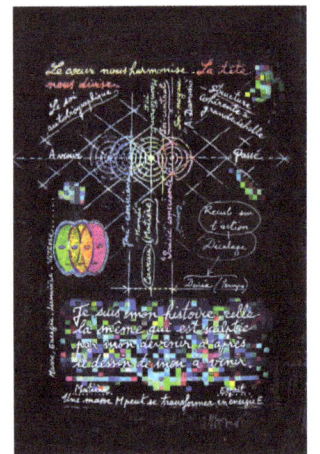

The autobiographical self · Here and now central self core self · A. Damasio · Structure coherent on a large scale

Future   Pre-consciousness · Brain matter · Self-consciousness   Past
Stand back (to put in perspective)
Time gap
Duration/time

Mass. Energy. Light. Speed.

I am my history, the same that is sculpted by my becoming in accord with the drawing of my future (my "to-come")
Matter
A mass M can transform into an energy E

LOW

She rises thinking to fall   He falls thinking to rise

HIGH

The angel Gabriel the right arm of God fell from heaven to earth

Reflection

The right hand of God

Even Odd

order   chaos

demon   Mirror   world

Negative Feedback

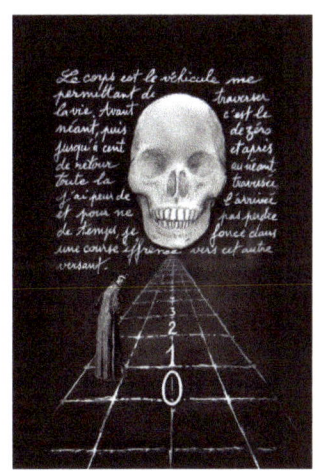

The body is the vehicle permitting me to go through life. Before it is nothingness, then from zero to a hundred and after that a return to nothingness, but all through the journey I'm anxious to arrive at the destination and so as not to lose time, I rush on unrestrained toward the other side.

Mediator

Passage (not wise)

Entrance   Opening   Exit
Inside   Outside

Light   Darkness

Mind   Body

Toward the t'R   L'R = air
[t'R = terre (earth)]   Toward the O
                   [O = haut (above)]

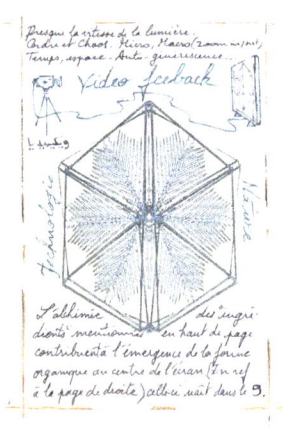

Almost the speed of light
Order and Chaos. Micro, Macro (Zoom in/out)
Time, space - Auto-generation

Video feedback

Technology   Nature

The alchemy of the "ingredients" mentioned at the top of the page contribute to the emergence of organic form at the center of the screen (refer to the page to the right) this one is born in the 9.

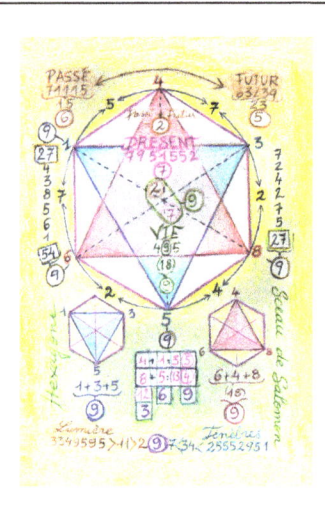

PAST   FUTURE

PRESENT

                                                        Solomon's Seal
Hexagon   LIFE

Light   Darkness

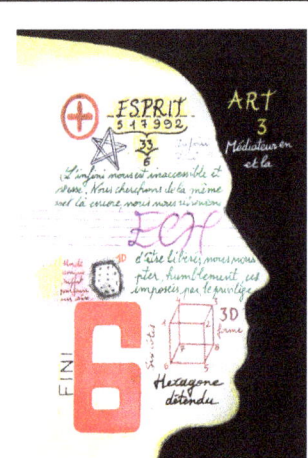

MIND   ART
                                  Mediator be-
                                  and
The infinite is inaccessible to us
We seek it in the same manner
we find ourselves faced with ourselves. Waiting

EXCH

only one die   to be liberated, we must
suffices to   humbly, the constraints
make a six   by the privilege

Unflattened hexagon

tween mind   MATTER
matter   Uroboros

and yet we name it without cease
and give it a form and there again

ANGE(L)

accept,   it takes two dice
imposed   to make a 9
of being alive.

Flattened cube

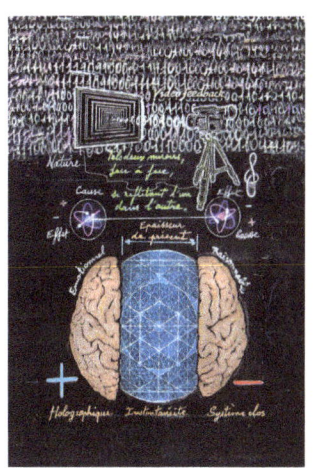

the two mirrors
face to face,
reflecting one in
the other.

Cause   Effect

Effect   thickness of the present   Cause

Emotional   Rational

Holographic   Instantaneity   Closed System

Trinity = Art
Observer
Creator

Two mirrors

Matter   Spirit

Optical chiasmus   Illusion   Reality

One has to squint to see a third 3D image at the center

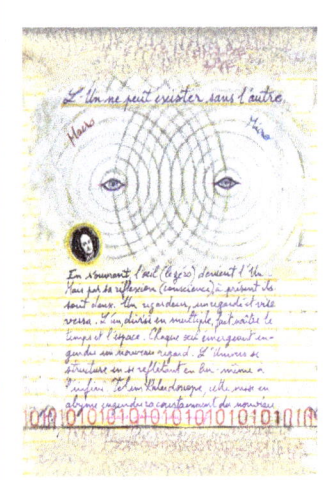

The One cannot exist without the other.

In being opened the eye (the zero) becomes the One. But by its reflection (conscience) they are two. One who looks, one who is looked at, and vice versa. The One, divided and multiple, gives birth to time and space. Each emergent eye engenders a new look. The Universe structures and reflects itself infinitely. LIke a kaleidoscope, this mise en abyme constantly engenders novelties, but never the new.

The mirror stage of the universe engenders self-consciousness

The looker looked at
Binary

Shadows dissimulated in colored images?

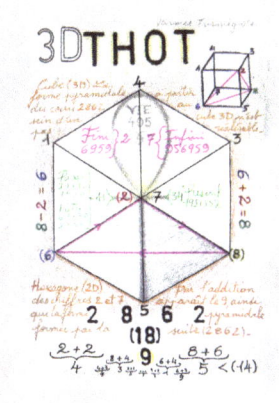

Hermes Trismegistus

Cube (3D) - The pyramidal form connecting corners 2862 within a 3D cube is not realizable.

LIFE

Finite   Infinite

Past   Present
Future

Hexagon (2D) - By adding the numbers 2 and 7 one gets 9 as well as the pyramidal form made by the following numbers (2862).

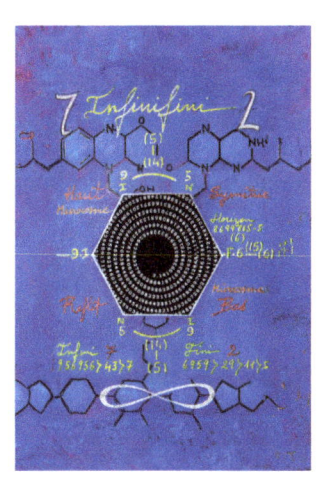

Infinitefinite

High   Symmetry
Macrocosm
                        Horizon
                        Microcosm
Reflection   Low

Infinite 7   Finite 2

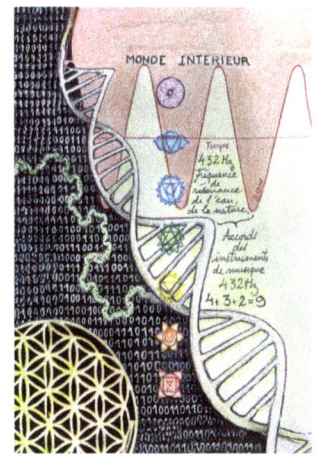

INNER WORLD

Time
433 Hz
Frequency of
resonance of
water, of nature

Tuning of
musical
instruments
433 Hz

EXTERNAL WORLD

Vibration in water

Noise

For Thales, water was the first principle of the world.

Contains all that from which all flows ALEPH

AN The beginning of beginning

In this passage, which I am, I advance toward myself, moving away from what I once was. In a way, to become is also to lose oneself. To follow the path, in abandon, appreciating this unknown, which is at the same time so familiar.

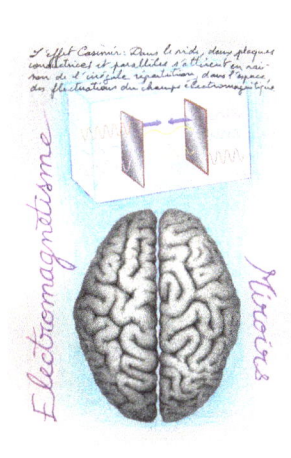

The Casimir effect: In the void, two conducting and parallel plates attract one another because of an unequal spread in space of the electromagnetic field fluctuations.

Electromagnetism

Mirrors

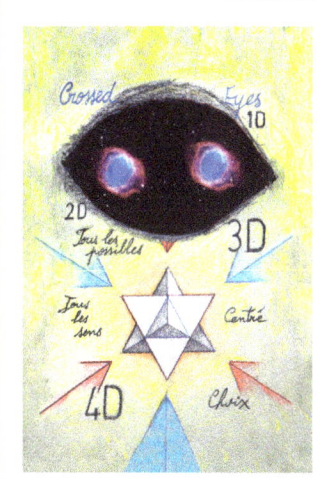

All possibilities

All meanings/ directions/ senses

Centered

Choices

BLACK WHITE

Containingcontent

FALSE
TRUTH

ALL MEANING
NO MEANING

NEUTRAL
UNCULTIVATED
EMPTY
WITHOUT
ATHEIST
NON-BEING
NOTHING
DISAPPEARED
NOTHINGNESS
LACK
DEATH
HIDDEN
GOD
FAITH COLLAPSE USELESS

Synchronicity

This morning I awoke at 4:30. After having drank my coffee, I drew the page to the right. A tree on vertical text (my dream). I looked (on Youtube) for music to listen to, but I was drawn by a video of Annick de Souzenelle, the title of which is "The Initiation" (someone I normally did not listen to).

Text Fragment

...We have in ourselves information of our becoming. We are like this seed that contains all the information of the tree. "We don't know that we know." This information, we invest it in a horizontal way instead of a vertical one, and she stressed a "vertical one."

Structure   Unity
  Rupture   Multiplicity
     Harmony
Order   Chaos

Possibilities   Choices
       Infinitefinite

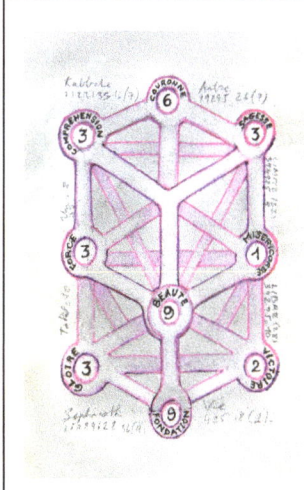

Kabbala   Tree
           CROWN
UNDERSTANDING   WISDOM

FORCE   MERCY
           BEAUTY

GLORY   VICTORY
         FOUNDATION
Sephiroth   Life

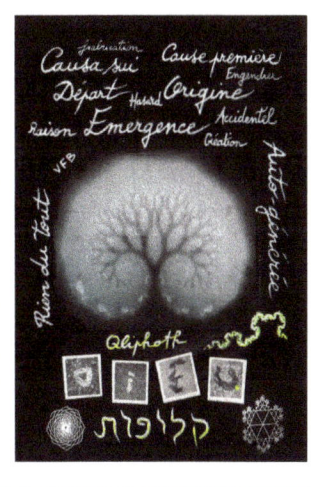

Fabrication   **First cause**
Self-cause   To generate
Beginning   **Origin**
        Chance   Accidental
    Reason   **Emergence**   Creation

Nothing at all

Qliphoth

Self-generated

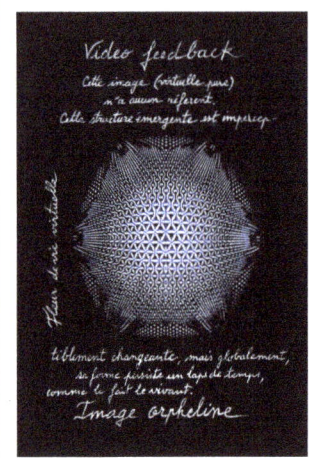

Virtual flower of life

This image (purely virtual) has no referent. This emergent structure is imperceptibly changing, but globally, its form persists for a period of time, like the living do.

Orphan Image

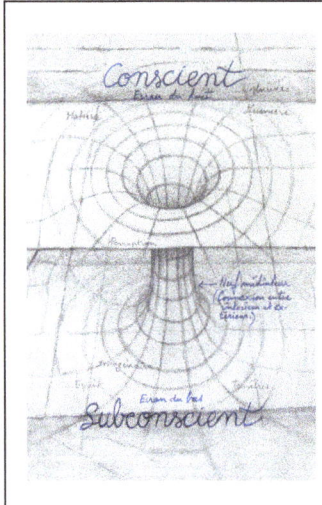

Conscious
High screen   Universe

Matter   Light

Perception

Imaginary

Mind   Darkness
    Low screen
Subconscious

Made in Los Angeles 2017

Landscape made by the video feedback system

Panorama from my home 85 chemin de Lucas, Soueich 31160

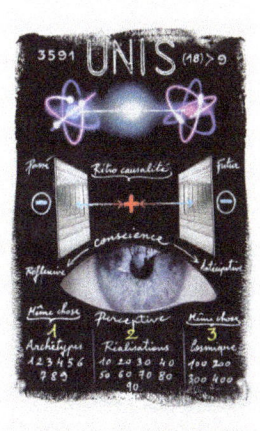

UNITED

Past   Retrocausality   Future

Reflexive consciousness Anticipating

Same thing   Perceptive   Same thing

Archetypes   Realizations   Cosmic

En Sof
leaves no place for
creation, since it
is not possible to
imagine in its being
a domain that is not
already itself.

God lacks
being so that
there is being.

Tsimtsoun

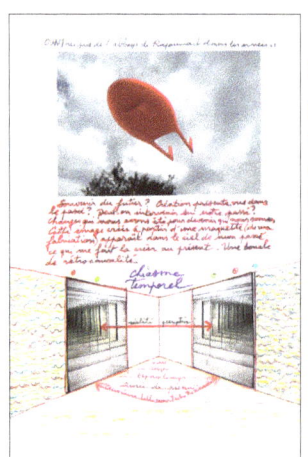

Seen near the Royaumont Abby in the 1960s

Memory of the future? Present creation seen in the past? Can we intervene in our past? Change what we have been to become what we are? This image created from a model (of my fabrication) appeared in the sky of my past, which made me recreate it in the present - a loop of retrocausality.

Temporal chiasmus

Reality   Perceptual
reality
Horizon
Spacetime
Duration of the present

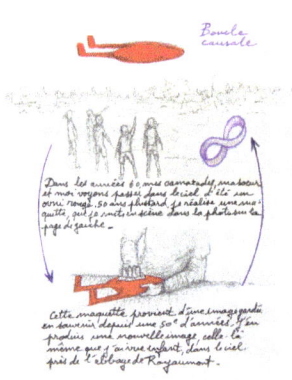

Causal loop

In the 1960s my friends, my sister, and I saw pass in the summer sky a red UFO, 50 years later I make a model, which I then staged in the photo on the page to the left.

This model arises from an image stored in my memory for fifty years. This image I made is the same as I saw as a child in the sky near the Royaumont Abby.

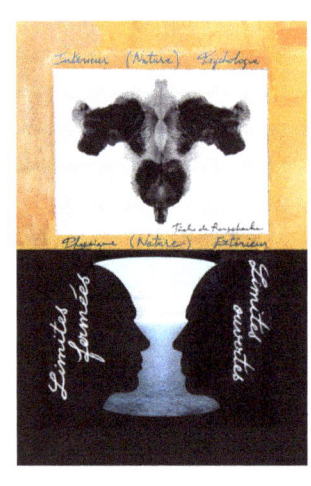

Interior   Nature   Psychology

Rorschach test

Physical   Nature   Exterior

Closed Limits   Open Limits

YOU ARE HERE

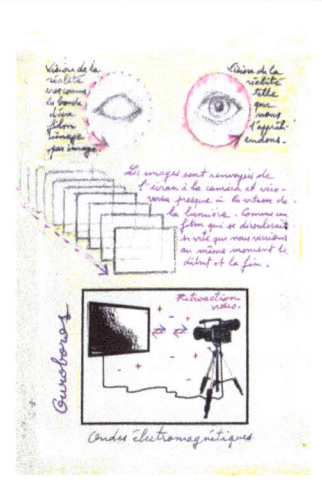

Vision of reality seen like a film strip image by image.

Vision of reality such as we apprehend it.

Images are returned from the screen to the camera and vice versa almost at the speed of light. Like a film that plays so fast that we see at the same moment the beginning and the end.

Retroactive video

Uroboros

Electromagnetic waves

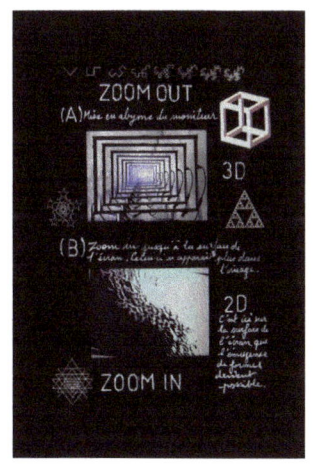

(A) Mise en abyme of the monitor

(B) Zoom in right to the surface of the screen, which no longer appears in the image.

It's here on the surface of the screen that the emergence of forms becomes possible.

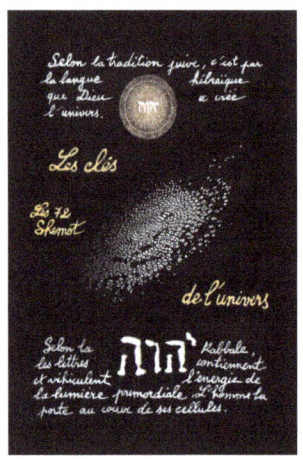

According to Jewish tradition, it is with the Hebraic language that God created the universe.

The keys

The 72 Shemot

of the universe

According to the Kabbalah, the letters contain and drive the energy of primordial light. Man carries this light at the very heart of his cells.

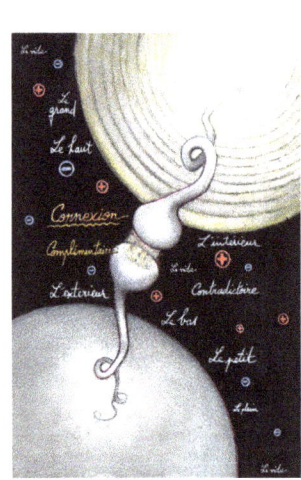

The void

The large

The high

The void The interior

Connection

Complementarity

Contradictory

The exterior The low

The small

The full The void

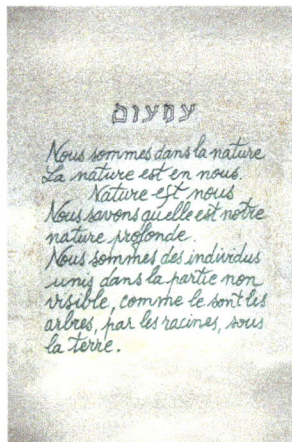

We are in nature
Nature is in us
　　　Nature is us
We know that this is our profound nature.
We are individuals unified in a nonvisible element, as it is with trees, by their roots, in the earth.

It is not about making a choice or following a particular direction, but rather about rediscovering our initial coordinates. These are found in the instruction manual that we are. We are all our life reassembling this puzzle. Choice is nothing but an illusion and direction is only that current that takes us away.

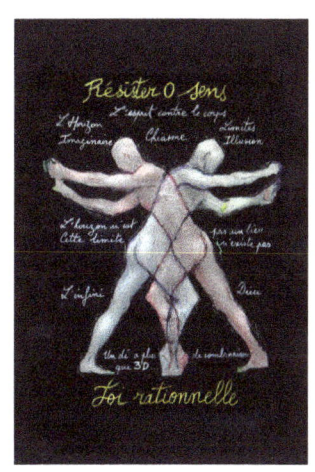

Resist meaning
Mind against body

| Imaginary horizon | Chiasmus | Limits Illusion |

The horizon is This limit — not a place does not exist.

Infinite — God

One die has more than 3D — combinations

Rational faith

ONE

Form

The path appears long to us, the destination far away and yet everything plays out on the spot. We are, from our birth, on the finishing line. There is not therefore one trajectory to take more than another, there is only the one you follow with your gaze.

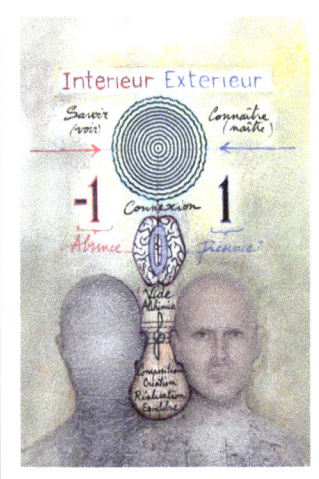

Interior Exterior

Knowledge (seeing)   Understanding (birth)

Absence   Presence

Void
Alchemy

Composition
Creation
Realization
Equilibrium

Synchronicities

Father   Loop   Retroaction   **Son**

Past   Future

Fundamental Substance   **Hypostases**

first principle

Trinity

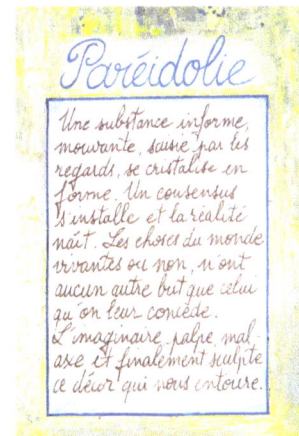

Pareidolia

An unformed substance, moving, seized by the looks of others, crystallizes in a form. A consensus takes shape and reality is born. The things of the world living or not, have no other aim than the one they are granted. The imagination feels, kneads, and finally sculpts the decor that surrounds us.

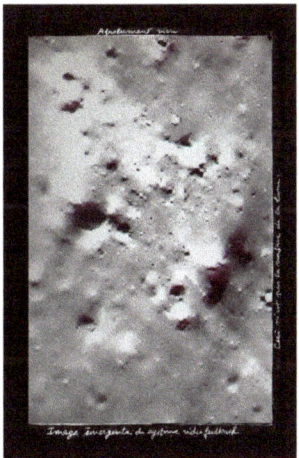

This is not the surface of the moon

Emergent image made by the video feedback system

I am/follow the way. The direction of the reptile is unknown to me and yet despite myself, I follow it.

The dreamer walking to the horizon

VISIBLE SENSES Body

The body nourishes the mind with the materiality of the world. It is the mediator. The reflecting surface.

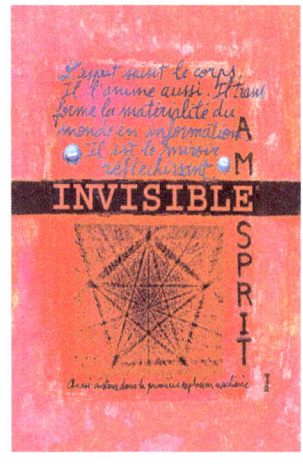

The mind takes hold of the body, it animates it also. It transforms the materiality of the world into information. It is the reflecting mirror.

INVISIBLE SOUL MIND

Quasi-crystals in the first nuclear explosion

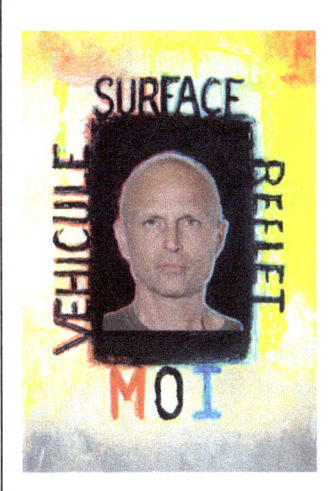

SURFACE

VEHICLE REFLECTION

ME

Free

CREATION

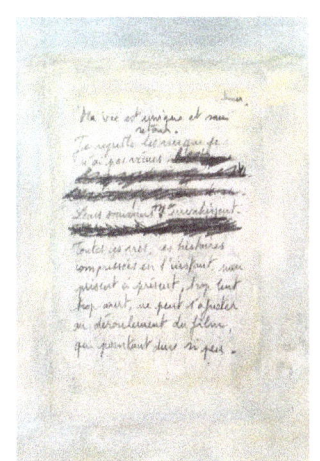

My life is unique and one-way.
I regret the lives that I have not lived.

Their memories invade me.

All these lives, these stories compressed into an instant, my present, presently too slow, too short, cannot adjust to the unfolding of the film, which yet lasts but a little.

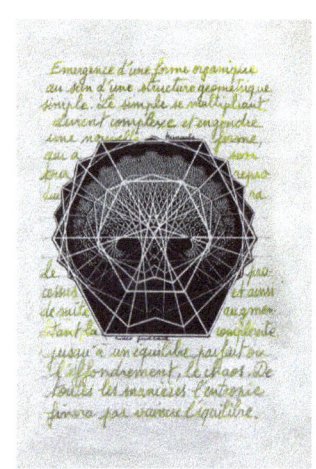

Emergence of an organic form within a simple geometric structure. The simple in multiplying itself becomes complex and engenders a new form, which in turn reproduces the process thus increasing the complexity to either a perfect equilibrium or collapse, chaos. All forms of entropy will end up vanquishing equilibrium.

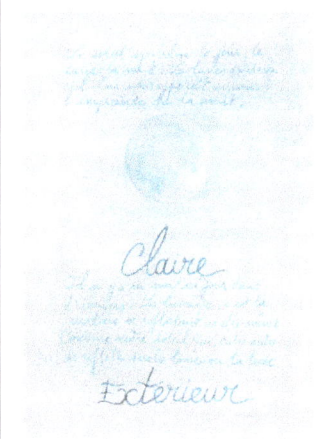

The sun symbolizes the day, the moon the night. The moon in a clear sky appears to us like the imprint of the night.

Clear

There is neither day nor night in the universe. Light is matter reflecting itself. Like our sun that, among others, reflects itself in the moon or the earth.

Exterior

Star

Obscure
Light
Interior

Hyperspace

Time

Past

In Paris a train
Marseille is its
The train is so
is in Paris and the
The travellers have

Bridge

Future

is at the station.
 destination
long that the tail
head in Marseille.
 boarding the train
already arrived in Marseille.

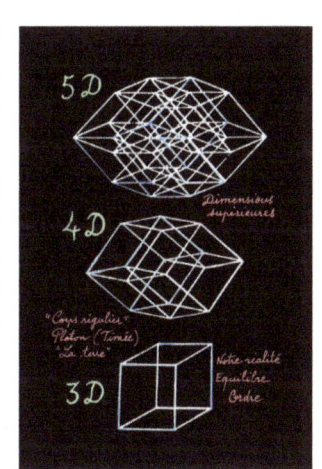

Superior
dimensions

"Regulated body"
Plato (Timaeus)
"The earth"

Our reality
Equilibrium
Order

The cube is the three-dimensional expression of the square

Stability Sustainability

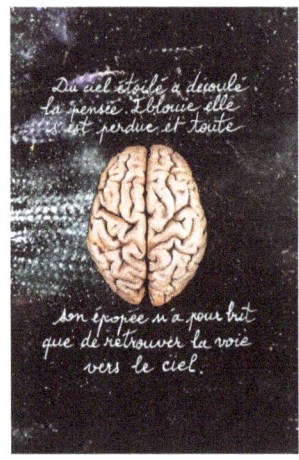

Thought comes from the star-filled sky.
Bedazzled it lost itself and all

its epic story has for an aim but to
rediscover the way to the sky.

SOUL

A　　　M　　　M
R　　　A　　　I
T　　　T　　　N
　　　　T　　　D
　　　　E
　　　　R

Light

Mass
Matter

Energy
Mind

Darkness

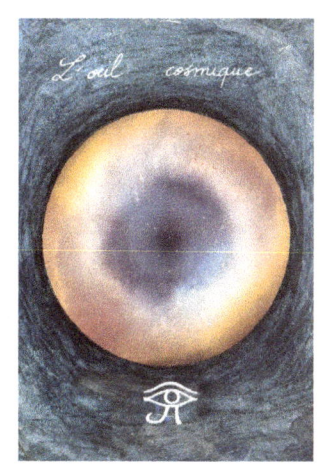

The Cosmic Eye

High

(Haut and Eau are pronounced the same)

Water

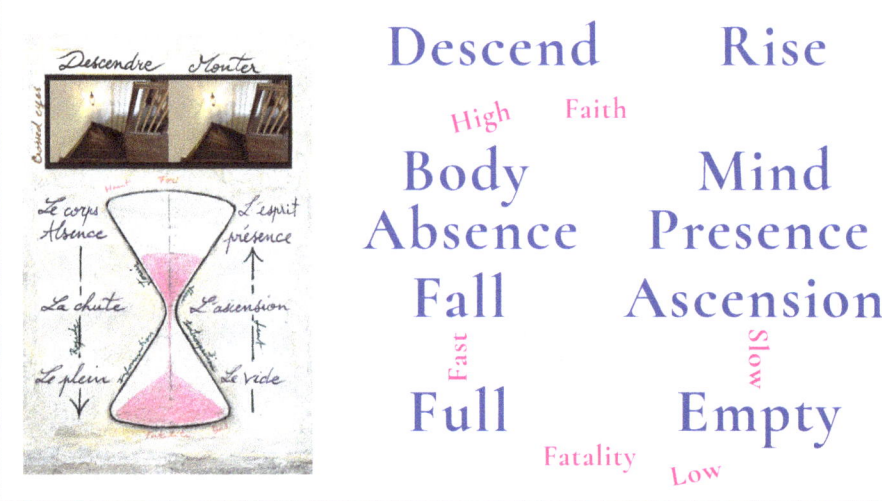

Descend		**Rise**
High	Faith	
Body		**Mind**
Absence		**Presence**
Fall		**Ascension**
Fast		Slow
Full		**Empty**
	Fatality Low	

Interior   Exterior

Does a world exist without things or without landmarks for the senses? but a place without things, without limits, is it still a world or simply nothingness?

Fire Birth

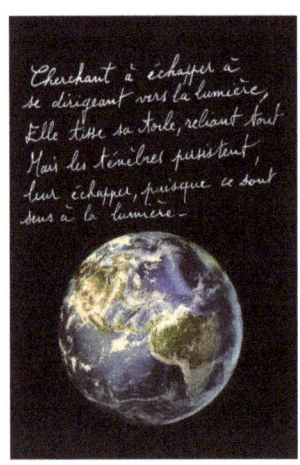

Looking to escape
heading toward the light,
It weaves its web, relating all
But the darkness persists,
escape it, since it is that
meaning to the light.

the obscurity, like an insect
life tries to flee death.
that shines.
life cannot
which gives

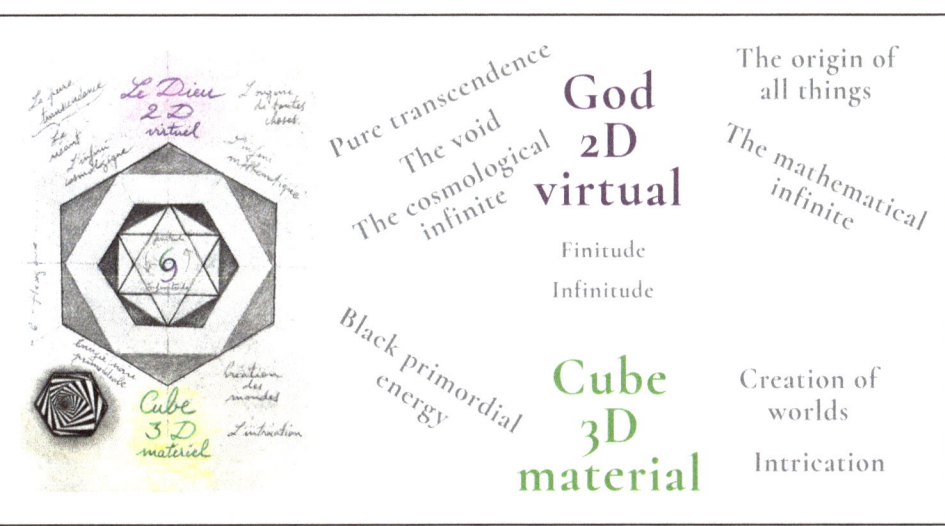

Pure transcendence **God** The origin of all things
The void **2D**
The cosmological infinite **virtual** The mathematical infinite

Finitude
Infinitude

Black primordial energy **Cube** Creation of worlds
3D
material Intrication

Emanation **En Sof**

Fower of life Infinite Being

Infinite Ocean Power unknown and unknowable
Noun
SELF-GENERATED

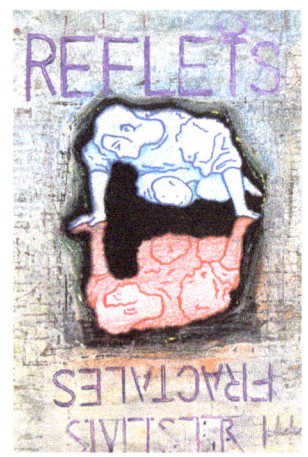

REFLECTIONS

FRACTALS

Young's slits
(or, Youngs interference experiments)

reality   Real

Visible   **A Visible** (invisible)

Two realities side by side. A correspondence, a connection, an equivalence. The same identity.

Don't think of the race, of the goal to be reached or the place you left, empty yourself and you will endure.

As for music, if you seek to decipher the note or identify the instruments, you are not listening to the music.

IF YOU ARE HAUNTED
BY THE POSSIBILITIES
YOU WILL LOSE
YOURSELF IN YOUR
INTERIOR LABYRINTH

Atman
vital breath

Brahman
Absolute

A being   **One**   Two entities
One observes   the other
judges himself.   One acts
  Two   **Realities**
the other   is him
reacts   They
reflect   Between
  One   **Identity**
themselves   equilibrium
emerges.   From these
two entities   an identity
  Ego   unified   **Self**
is born.

Wave

Vibrations

MATTER

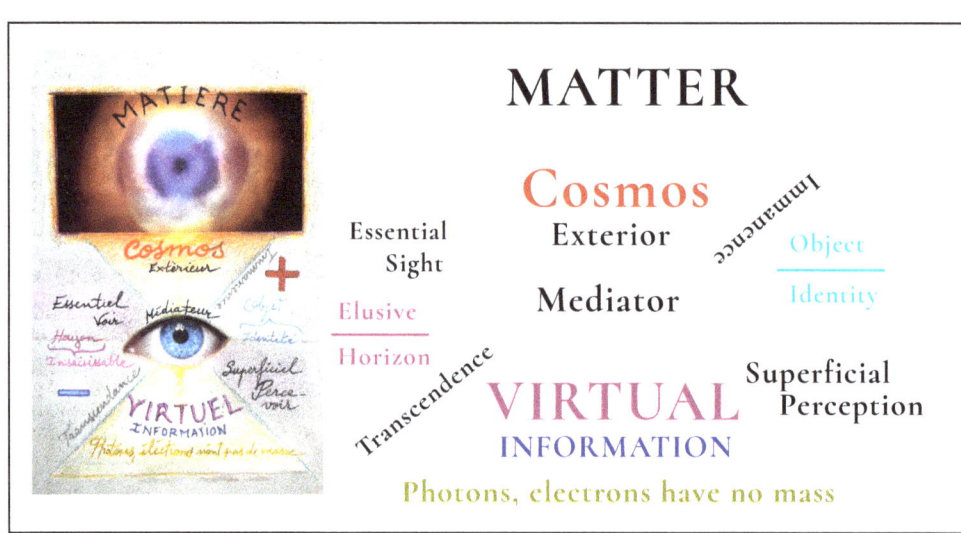

Essential Sight

Cosmos
Exterior

Immanence

Object
Identity

Mediator

Elusive
Horizon

Transcendence

VIRTUAL
INFORMATION

Superficial
Perception

Photons, electrons have no mass

From the void comes fullness, matter, which contains it.

Eternal absence at the heart of an ephemeral presence.

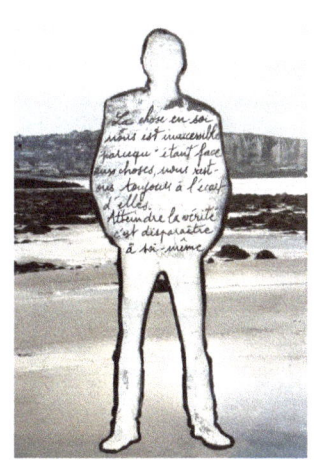

The thing in itself is inaccessible to us because, being faced with things, we remain always at a distance from them. To reach the truth is to disappear from oneself.

Our image is a belief engendered by the look of others, our reflection in the mirror etc…I must dissolve this ID of myself that is only a ceremonial costume relying necessarily on the environment. I must dissolve this horizon, this illusion that separates.

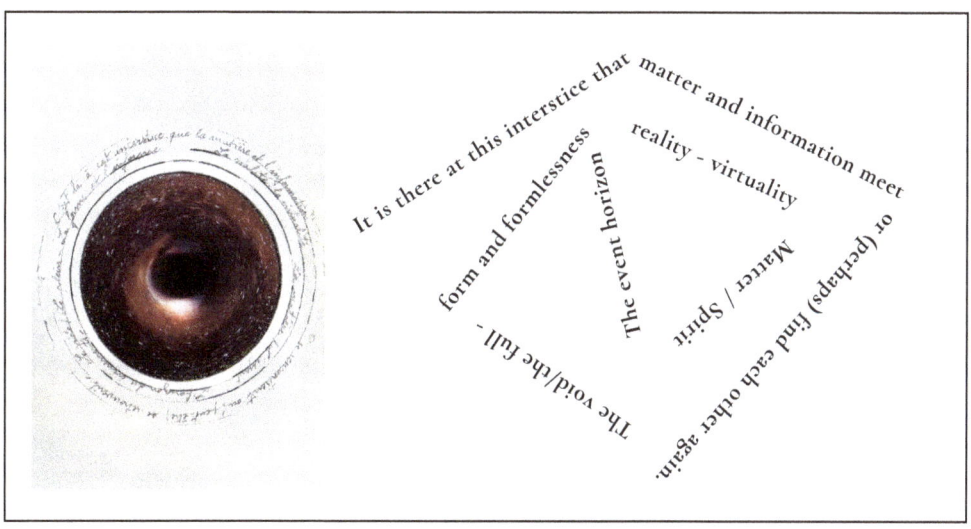

It is there at this interstice that matter and information meet reality – virtuality or (perhaps) find each other again. Matter / Spirit The event horizon The void/the full. form and formlessness

Horizon
Division

Space

Time

Imaginary limit

The eye that lets me see God is the same eye by which God sees me; my eye and God's eye are one eye.
Meister Eckhardt

Play of mirrors

The two eyes make one.
It's there at this interstice, this horizon, that the full and the empty, matter and the virtual, meet. Or do they meet again?

Universe

It's there that the possibilities materialize and that gazes bear witness.

Virtual infinity

Cosmos
Reality

Infinite V

Two mirrors reflecting each other engender a mise en abyme, a virtual infinity

Virtual Light

Light
Material

Large High

Small Low

Without light there is no energy and life vanishes.
Without energy there is no light and life vanishes.

End

Contraries are only a reflection of the same

The cosmic eye

A play of mirrors makes the world appear

The look of the other

is our own look at ourselves

Like black holes, the eye absorbs light

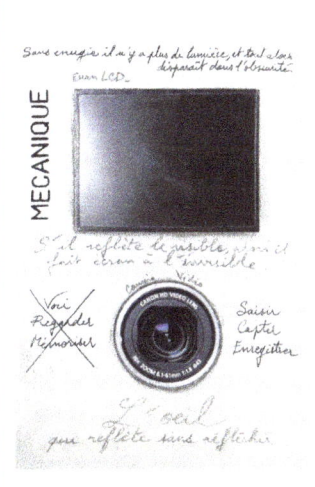

MECANIQUE

Without energy there is no more light and everything disappears in obscurity

LCD screen

If it reflects the visible then it makes a screen of the invisible????

~~See
Look
Memorize~~

Camera   Video

Input
Capture
Register

The eye
that reflects without reflection

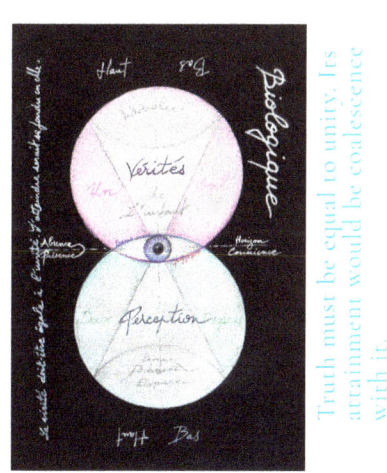

High   Low

Biological

Absolute

Truth

An   Eye

of the instant

Truth must be equal to unity. Its attainment would be coalescence with it.

Absence   Horizon
Presence   Consciousness

Two **Perception** Looks

Time
Present
Space

High   Low

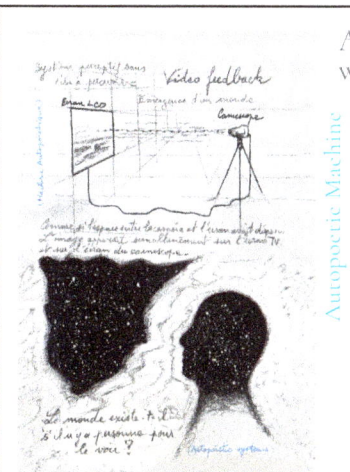

A perceptual system
with nothing to perceive

Emergence of a world

LCD screen   Camcorder

Autopoetic Machine

As if the space between the camera and the screen had disappeared. The image appears simultaneously on the TV screen and on the screen of the camcorder.

Does the world exist
if there is no one
there to see it?

Autopoetic systems

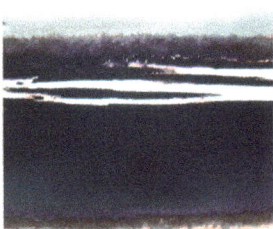 Landscape auto-generated by the video feedback system

 SPACE

Harmony is made by the union of

 TIME

contraries, for duality founds unity.

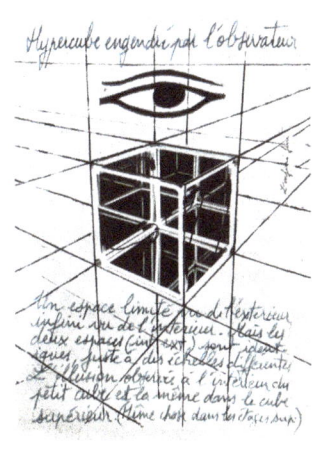

Hypercube engendered by the observer

infinite finite

A limited space seen from the exterior, infinite (space) seen from the interior. But the two spaces (int-ext) are identical just on different scales. The observed illusion on the interior of the small cube is the same in the superior cube. (The same thing on the superior levels.)

Organic geometry

The central path permitting equilibration of the forces in the work

Fundamental forces that animate everything which exists in the Universe.

Everything is born from emptiness

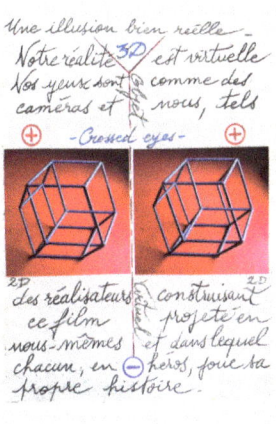

A real illusion -

Our reality is virtual
Our eyes are like cameras
and we, as filmmakers,

construct this film projected
in ourselves and in which
each of us, as hero, plays out
his own story.

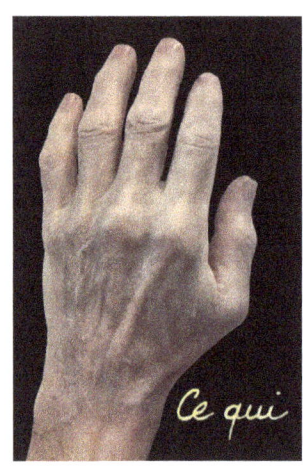 That which

 will be is what was.

Finite in the infinite

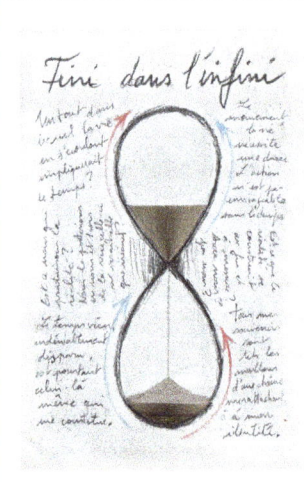

A whole in which life implies time by flowing out?

Are we the ones producing reality? We would carry it within ourselves. Out of sight it would be but nothingness.

Does reality gradually construct itself? With us? By us?

Movement
  Life
necessitates
a duration
Action
is not
possible
without time

Lived time, undeniably vanished, is yet that which constitutes me.

All my memories are links in a chain connecting me to my identity.

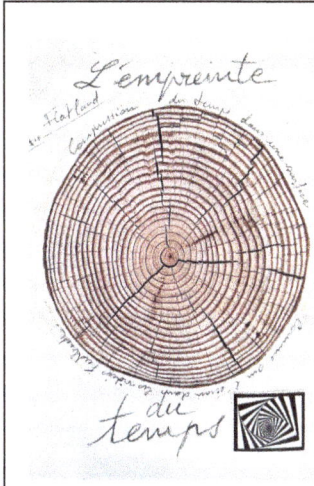

The footprint

Compression of time in a surface

Like on a video feedback screen

of time

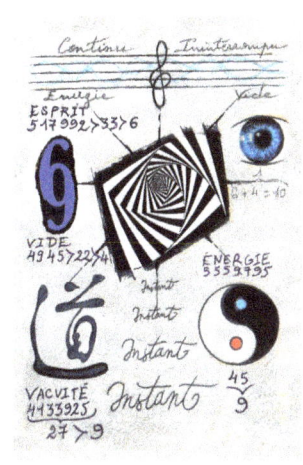

Continuous   Uninterrupted

Energy   Emptiness

EMPTINESS   Instant   ENERGY

Instant

Instant

VACUITY   Instant

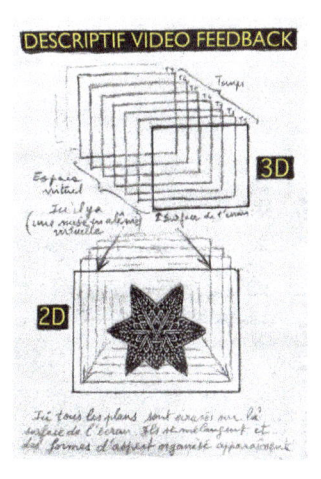

Time

Virtual Space

Surface of the screen

Here there is a virtual mise en abime

Here all planes are flattened on the surface of the screen. They blend together and organized forms appear.

A video-feedback principle requires a camera and a TV screen relating to each other face to face. Between the two there is nothing to see. Like two mirrors reflecting each other, the light will give birth to a mise en abyme. This must be compressed (virtually) on the surface of the screen. That which is seen and that which sees are made one and a whole universe of forms emerges. What if our reality emerged from a similar principle?

In its virtual form the object takes shape in the subject.

This mirage become an indelible mark is from now on quite real.

INTELLECT   EMOTION

T
I
M
E

Opposed   Unified

SPACE

Consciousness can unfold here.

Glint - To Reflect - Reflection
OBJECT
The invisible part is the one that sees.
Identity is a marker like a bottle floating on the ocean

The object is absence

Finite
Instant
Body
Matter
Mind
Consciousness

The subject is presence

Infinite   Duration

The image is the mediator between the material world and consciousness.

I live in the empty part of my body.

"The mirror stage"
The profound self, identifying with his image, gives birth to his avatar - his "Me"

SUBJECT

Attracted by absence like we are by life.

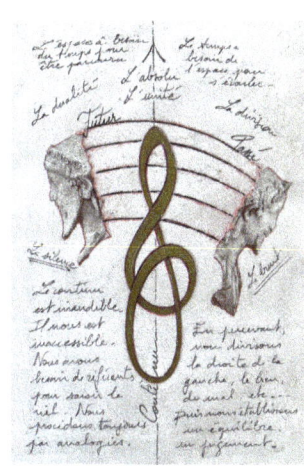

Space needs time to be traversed

Absolute unity

Time needs space to unfold

Duality

Future

Division

Past

Silence

Noise

The continuous (sound) is inaudible. It is inaccessible to us. We need referents to grasp the real. We proceed always by analogies.

In perceiving, we divide the right from the left, the good from the bad, etc...then we establish an equilibrium, a judgment.

I am an idea of myself. An "image" person, already passed and still to come, which I seek to grasp in vain.

"I" am a (virtual) avatar on a spatio-temporal journey in a material body.

Machine

Virtual organisms, auto-generated, video feedback.

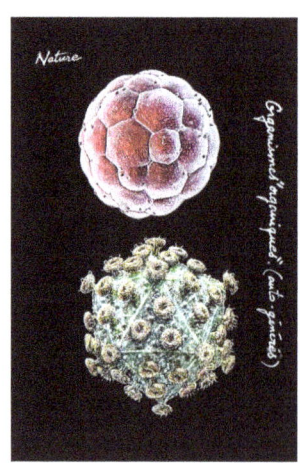

Nature

"Organic" organisms (auto-generated)

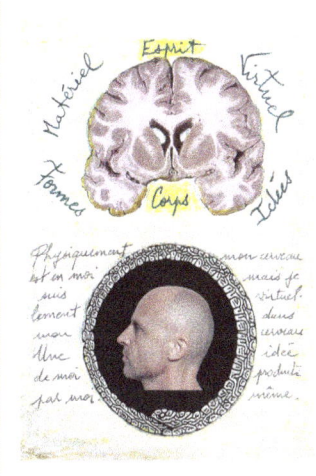

Material   **Mind**   Virtual

Forms   **Body**   Ideas

Physically my brain is in me but I am virtually in my brain. An idea of myself produced by myself.

A lived mirage

To think the brain is to think the matter composing this thought.

The One is alone.

Alone in oneself

The world that appears to me is already not there.

To Perceive

Consciousness

The world gives birth to consciousness, that which gives existence to the world.

We are thinking mirrors.
We transform matter into images. Our reality is virtual.

The world and we in the is in us are world.

Mediator

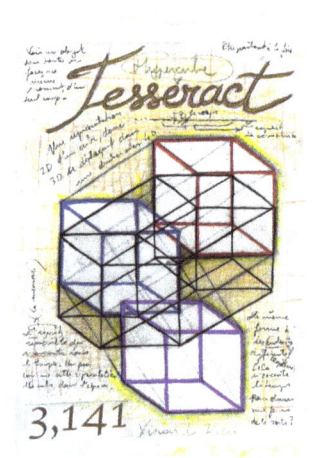

To see an object on all its sides at once in a single glance.

To be everywhere at once

Hypercube
Tesseract

A 2D representation of a cube (so 3D) in a 4D dimension

Body

Mind
Consciousness

Memory

The mind reassembles moments in time. A little like this representation of a cube in space.

Vision of God

The same form at different places. Is time necessary to observe such a form?

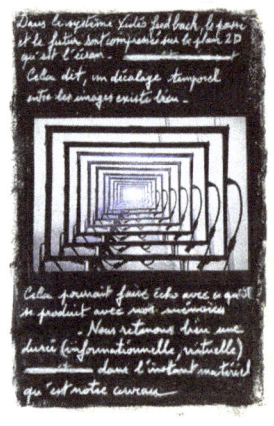

In the video feedback system, past and future are compressed on the 2D plane that is the screen.
That being said, a temporal mismatch between the images exists.

This can make an echo with that which produces itself with our memories.
We retain a duration (informational, virtual) in the present instant, in the materiality of our brain.

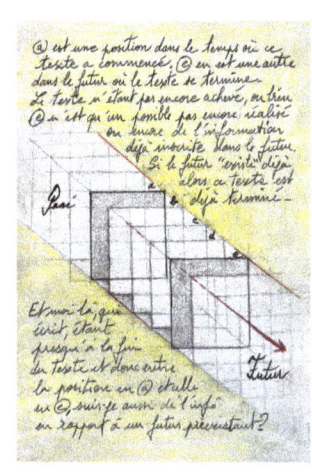

(a) is a position in time where this text began. (e) is another in the future where the text ends. The text not being yet finished, (e) is only a possibility not yet realized or more information already inscribed in the future. If the future "exists" already then this text is already finished.

Past

                                     Future

And I, who write, being almost at the end of the text and so between the position (a) and that of (e), am I also information relating to a preexisting future?

Except for this pencil drawing, I am going to back them once the carnet is finished.

keep these two pages blank. I will come

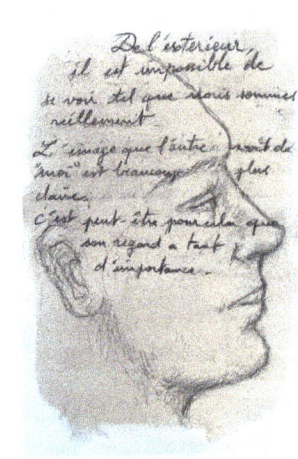

From the exterior it is impossible to see that which we really are.

The image that the other sees of "me" is much clearer.

It is perhaps for this reason that the other's look has such importance.

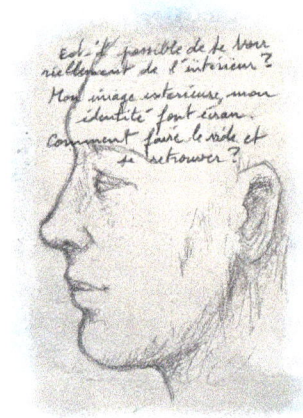

Is it possible to really see oneself from the interior?

My external image, my identity is a veil.

How to empy one's head and find oneself?

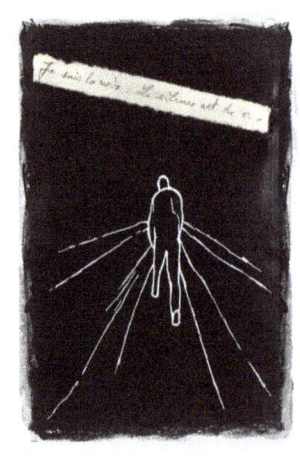

I am the voice and the way.
Silence is golden.

Exterior Matrix

As the horizon we are this mediating frontier between the visible and the invisible, matter and information.

Interior Matrix

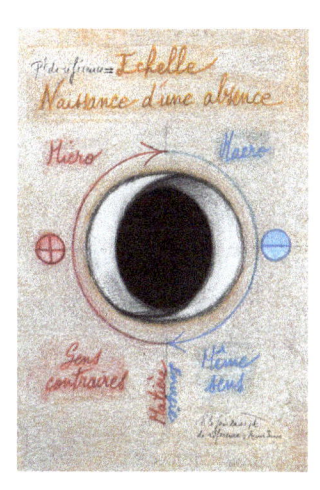

point of reference = Ladder

Birth of an absence

Micro   Macro

Contrary meaning   Matter / Energy   Same meaning

At the same time without a point of reference = no meaning

Containing Content

Emptiness   Life

In the production of the Rorschach test, right and left sides appear simultaneously. There is not one before the other, and yet we could consider that one of the sides is the original and the other a copy. Envisaging the past and the future this way can make us think of the emergence of the present.

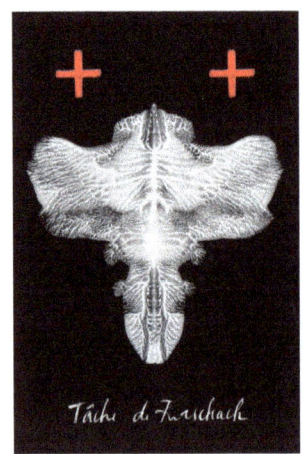

Rorschach Test

Free Avatar

WORLD

Around the age of five, in a nightmare, I met the devil. The scene took place in the kindergarten kitchen (a kitchen that was also my bedroom). A curtain separated the room from the rest of the kitchen. The curtain drew back and the devil made his appearance. I hid right away in the sheets. I also remember seeing a caravan in the courtyard.

Demon = World

DEMON

Inversion

The devil divides but can't reflect.

A reflection on a surface divides. Reflecting (thinking) unifies.

Poetic

Mathematic

Emergence

Inorganic

French artist Marc Fichou has been active in the art scenes of Los Angeles and New York since the 1990s. He now lives with his partner and fellow artist Lauren Marsolier in the south of France. This book is the sequel to his first *Carnet*, also available from Atopon. Fichou's video installation, painting, sculpture and other multimedia work can be viewed at his website: www.marcfichou.com.

www.ingramcontent.com/pod-product-compliance
Lightning Source LLC
Chambersburg PA
CBHW042012060526
44119CB00113B/247